U0053469

WEALTH

天窗出版

精明選對英國樓

林浩文 著

目錄

⭕ 推薦序

陳永陸 6

黎永滔 7

葉景強 8

李根興 9

⭕ 自序 10

⭕ 第1章　環球住宅市場　英國穩步上揚

1.1 香港樓市神話不再？ 20

1.2 英國樓市安全系數高 25

1.3 移居、教育、投資　考慮各不同 30

1.4 買「藍籌」或「創業板」海外樓？ 35

1.5 海外買樓陷阱多 38

1.6 買海外樓的10項提示 43

⭕ 第2章　細看英國　值租、宜居地段

2.1 聯合王國　地貌文化 52

2.2 脫歐 × 疫情　英國樓伺機撈底 55

2.3 兩大基建　領英格蘭中北部經濟起飛 61

2.4 細看首都及近郊 —— 倫敦、雷丁 65

2.5 細看潛力城市 —— 伯明翰、曼城、利物浦 75

2.6 細看大學城 —— 牛津、劍橋 86

2.7 細看宜居城市 —— 列斯、布里斯托 92

2.8 細看未來城市 —— 愛丁堡、格拉斯哥 95

2.9 細看沿海城市 —— 卡迪夫、貝爾法斯特 99

○ 第3章 在英國買樓？ 還是買屋？

3.1 九大物業類型及特色 104

3.2 關鍵術語解說 119

○ 第4章 買樓收租 精明部署

4.1 收租不選倫敦樓 126

4.2 大學區租屋需求高 131

4.3 最易租出的物業 134

4.4 港英租務大不同 138

4.5 數口精 以租養樓有可能 144

○ 第5章 移居英國 落戶何處？

5.1 各大城市生活費比拼 150

5.2 最佳 Work-life Balance 城市 154

5.3 年輕人、家庭、退休的移居部署 157

○ 第6章 盤點稅項及支出

6.1 買樓開支計算 162

6.2 收租樓基本開支 165

○ 第7章 解構買樓流程 檢視地雷位

7.1 一手樓置業流程 172

7.2 二手樓置業流程 177

7.3 港英按揭批核大不同 181

7.4 總結 186

附錄：常用網站 189

推薦序

陳永陸（陸叔）
香港著名獨立股評人及投資策略顧問

相信認識我的讀者都知道，我主持財經節目多年，時常會跟許多不同領域的專家交流，Thomas（林浩文）經常到我的《人生交叉盤》節目接受訪問，對房地產市場的觀點及分析新穎獨到。

知道Thomas因工作關係，會經常接觸不同的投資者、發展商、基金及業主等，所以能結交不同行業的朋友，加上經常接受媒體訪問及交流，對市場走勢及訊息十分了解。

房地產投資對於普通投資者是有相當門檻的，投資海外物業更是要承擔更多風險。我覺得坊間有很多投資類的書籍，但能讓普通讀者理解透徹的很少。這本書涵蓋所有內容，Thomas以「化繁為簡」的手法，用顯淺的語言訴說他多年的行業知識，讓大眾投資者對英國房地產市場有更全面的了解，相信對英國房地產投資有興趣的讀者必定會收穫滿滿。

推薦序

黎永滔
「舖王」
香港及英國資深商舖投資者

作為一個資深物業投資者，在多年的投資生涯中，一直謹守的投資心法是「人棄我取」，相信自己的目光，發掘被市場低估的物業，然後靜待其升值，所以我需要可靠的資訊及專業意見，讓我作出正確的投資決定。Thomas是我的好朋友，我經常跟他交流香港及英國的地產市場情況及走勢。

身為英資測量師行的執行董事，Thomas十分熟悉地產市場，我十分欣賞他能跟隨時代變化，不斷積極探索行業創新。他對房地產行業非常有熱誠，也經常在各大電視台及媒體分享他對地產市場的觀點，所以對於Thomas首度出書，我期待之餘也舉腳贊成。

以我所知，Thomas曾在英國讀書，又在英資公司工作多年，這些經歷令他對英國房地產市場有很深入的瞭解。此書涵蓋了所有在英國投資房地產需要的必備知識，大到全球市場走勢，小到按揭手續，內容專業之餘，亦十分「貼地」。

除此之外，此書對英國文化歷史、教育制度、工作機會及生活成本等也有介紹，整本著作內容精湛，絕對是有興趣投資英國房地產的讀者之必備書籍，亦能滿足不同的買樓目的，是一本不可多得的好書。

精明選對英國樓

推薦序

葉景強（King Sir）
香港經濟投資學院課程總監

還記得數年前於山頂別墅的一個物業投資者聚會裏認識Thomas（林浩文）。眾所周知，他是資深測量師，更是地產界紅人，經常在電視和報章看見他的訪問，作為香港電台《King Sir會客室》主持的我，當然第一時間把握機會邀請他來節目做個專訪。

在訪問中，我發覺他不單對環球經濟形勢、利息走勢、香港土地房屋供應瞭如指掌，更發現他對海外物業市場，尤以投資英國住宅有著獨特的分析。

今天，隨著各國不斷量化寬鬆，現金已不再為王，投資者都四出尋找資產增值機會。香港人鍾情於投資磚頭，但始終資金有限，因此近年投資海外物業已成趨勢，而英國更是港人投資熱點，其原因是語言和文化都較為相近，更對其法律系統有著無限信心。

然而優良文化、完善法律就代表投資零風險？ 早前英國曼徹斯特及利物浦就出現多宗爛尾樓事件，大家都必須知道投資始終涉及風險，因此必須「先求知、再投資」。

寫序前我看過Thomas這本新作，內容詳盡分析英國物業前景、投資風險、租務回報以及詳解當地物業種類、買賣程序、按揭、稅務、費用支出、中伏位等，這本書對大家投資英國物業絕對有著莫大的裨益。

如各位真的有意投資英國物業的話，本人誠意推薦這本「投資天書」給大家！

推薦序

李根興
盛滙商舖基金管理有限公司創辦人及行政總裁

首先恭喜 Thomas 的新著作推出，十分榮幸能夠為他的新書寫序。

這本書集合了 Thomas 於英國修讀房地產及測量系學士及資訊管理碩士的知識，以及逾 20 年的房地產界的經驗，並以一年時間去收集、研究及分析而成的。書中內容深入淺出，詳細地介紹英國不同城市的房地產市況，精闢獨到的前景及回報分析，為讀者提供全方位的買賣英國樓建議及投資方向。如果你有興趣了解或投資英國房地產，這本書絕對是你的不二之選。

精明選對英國樓

自序

外國的月亮並不是特別圓，物業質素也不一定好。近年香港住宅樓市高企，加上眾多其他因素，愈來愈多香港買家到海外投資房地產，尤其是英國的住宅物業，但海外跟香港的地產市場存在很大差距。

不論是自用或投資，買海外樓總有風險，除量力而為及平衡回報與風險外，全面分析當地各區發展、物業質素及政策亦至為重要。

筆者九十年代曾到英國錫菲爾哈林大學（Sheffield Hallam University）修讀測量系學士課程，然後在錫菲爾大學（University of Sheffield）攻讀資訊管理碩士課程。畢業時曾考慮留在英國發展，但由於稅率高及工作前景因素，還是決定回港工作。

筆者為香港測量師學會資深會員、英國皇家特許測量師學會資深會員，現時於英資的國際性測量師行工作，主管亞太區的估值及諮詢業務；亦在香港大學房地產及建設系及香港大學SPACE中國商業學院執掌教鞭，作客席老師。筆者因工作關係，會經常接觸及分析英國，以至全球地產市場的詳細資料，而除客戶外，筆者亦為許多親朋好友作房地產投資建議。

眼見買海外樓的相關風險愈來愈高，筆者有見市面或網上有關英國樓的資訊質素參差，甚或偏頗，所以用了一年時間，從資料收集、研究及分析，以至跟不同的專業投資者及專家溝通，撰寫了這本《精明選對英國樓》。

筆者希望於本書以「專業態度」及「深入淺出」的內容，為「隔山買牛」的讀者提供全面具參考價值的資訊，為大家的財富把關。這本書等同英國房地產投資的百科全書，內容從環球住宅市場、房地產投資概念、英國的地理及經濟、住宅市場、城市及區域性分析、到物業及資產管理、稅項、按揭辦法及手續、投資機遇等，筆者希望以專業測量師的角度，為讀者提供全面、獨立的買賣英國樓及投資方向分析。

坦白說，現時在香港銷售的英國一手樓樓盤良莠不齊，部分有「伏味」。更嚴重的是，有部分買家傾向投資英國二手市場，希望獲取更高回報，但其實在英國買二手樓並不如香港般容易。

30年前買半獨立屋　先給業主寫信

筆者的親友在30年前已買下英格蘭北部的一幢二手半獨立房屋（Semi-detached House），但由睇樓、交稅、管理，到屋宇維護都相當不容易。當時的第一個挑戰是需要與原屋主溝通。買英國二手樓不同於買英國一手樓或在香港買樓，並非有錢就能購買，英國二手樓大多是因為原屋主有新的規劃，有需要換樓才會出售，所以屋主對房子有感情，亦相當愛惜房子。所以買家要跟每個屋主詳談，甚至寫信給屋主，說明買樓原因。

當年英國物業買賣需時亦較長，跟在香港買賣，不能同日而語。整個買賣流程花了接近半年時間，因為在英國買賣二手樓時，需要進行更多的物業背景審查，包括向測量師索取住宅物業報告（Homebuyer Report）及建築測量報告（Building Survey Report），以及待律師準備文件，而這些工序都相當費時。

錫菲爾的半獨立屋。

英國中北部的冬天會下大雪。

下大雪後，筆者在後花園做的第一

另外因這半獨立屋是租賃業權（Leasehold），所以需要交地租（Ground Rent）給地主，這地租的概念跟本港的地租及差餉相似，但英國的地主有權加地租，亦可將土地權益出售給其他投資者。另外還需要支付維修地方設施及環境的地方稅（Council Tax）。筆者在之後的章節會再詳細解說這些買賣英國物業必備的概念。

那幢二手半獨立屋建於六十年代，筆者亦曾在那裡居住過。半獨立屋和鄰居只相隔一道牆，當年筆者的鄰居是一對七十多歲的老人家，在那裡已住了近三十年，男戶主更曾參加第二次世界大戰，筆者當年亦常到訪他的家中，看過許多照片及他從各地收購的收藏品。筆者在之後的章節會再詳細介紹這些概念。

房屋維修保養一腳踢

筆者在那裡居住下來，初時覺得不錯，屋子有前後花園、車房等，但後來發現屋子需要的維護比想像中多，許多事情需要自己處理，例如室內的水、電、暖氣維護，以及打理花園。半獨立屋通常有前後花園，花園圍牆的保養維修責任要和鄰居共同攤分，契約一般會寫明屋主要負責哪一面圍牆的維修。花園圍牆的維修費用每年約需數百英鎊，以石頭或磚造的圍牆還好，但木質圍牆很容易破損。打理花園亦相當具挑戰性，因為在夏天時，花園的草長得很快，需要頻頻除草，而冬天來到時，則需要「鏟雪」。

屋內亦要兼顧打掃和漏水等問題。二手半獨立屋內的水管、水龍頭、馬桶、洗手盤亦有機會漏水，而在二樓的浴室，更需要時常檢查水壓。

英國中北部的冬天會下大雪，暖氣幾乎是每個物業必備，而屋頂是全屋最容易散熱的地方，所以半獨立屋在屋頂通常設有保暖棉，但二手樓的保暖棉有可能不足或不夠平均，或因屋頂漏水而發霉及滋生蚊蟲，所以每逢轉季前後，都需要上屋頂視察。當地房屋的暖氣是每個單位獨立運作，通常採用熱水爐式暖氣。但這幢半獨立屋採用出風式暖氣，屬另一種系統，鍋爐設備位於車房，也要經常測試及保養，尤其入冬前一定要做好測試，保證安全及運作正常。

這物業於二十年間升值一倍多，最終約在數年前已經出售。

雷丁樓租予專業人士 疫情下仍準時收租

除了北部的二手半獨立屋外，筆者的親友在英國一二手住宅的投資經驗亦遍佈倫敦（London）、伯明翰（Birmingham）、錫菲爾（Sheffield）、雷丁（Reading）等地。

說說位於倫敦西面的雷丁，雖然它不是熱門城市，但是英國現時經濟發展最迅速的城市之一，是英國第二大的科技中心，其所處的泰晤士河谷區（Thames Valley）被譽為「英國矽谷」。雖然英國近年面對脫歐、英鎊貶值等挑戰，但英國的房地產市場沒有呈現明顯大幅下滑的趨勢，因此筆者的朋友在約兩年前購入雷丁河畔的一手一房單位，單位面積約650呎連一個車位，現時租予在科技公司工作的專業人士，在疫情期間亦準時交租，計算下來，租金回報率約4.6%。

筆者在兩三年前，已開始建議親友考慮於伯明翰置業。伯明翰是英國第二大城市，是一座轉型中的城市，須知道，三分之二的倫敦人買樓都是自住為主，但伯明翰物業的買家中，只有四分之一的人是作自住用途，反映出投資者看好伯明翰的未來潛力。

伯明翰現時正在建設連接倫敦的高速鐵路二期（HS2），預計2033年投入使用。再加上伯明翰長達20年的市區擴展項目「大城市計劃」（Big City Plan），當中包括史密斯菲爾德改造計劃（Smithfield Regeneration Project）和伯明翰天堂（Paradise Birmingham），都令伯明翰樓價在過去幾年不斷上升。現時伯明翰的平均樓價只及倫敦的平均樓價約40%。市區一手住宅單位入場費約25萬英鎊起，租金回報率約4.5%。

朋友買曼城盤中伏 保證租金回報成空

另外筆者的朋友數年前曾買英國一手樓「中伏」。朋友當時在網上看到一個曼徹斯特的一手住宅樓盤推介，樓花期約一年，這項目聲稱提供兩年為8%的保證租金回報，以及可以在項目落成3年後進行回購。朋友當時認為把資金存放銀行沒有利息，同時在現金不斷貶值的情況下，見樓盤有租金回報保證，打算買樓作收租及退休用，最後以約18萬英鎊購入了一個2房單位。

原來，這項目的發展商早已外判出租及管理事宜予另一公司，所以部分租金會被扣除，作為租務托管公司的服務費。但項目最終完工及收樓後，外判的租務托管公司已倒閉，保證租金回報及回購等隨即變成空談，而發展商亦不會負責任。最後，朋友需要尋找其他托管公司代為出租及管理單位，但首兩年租金回報從8%跌至4%。

這案例雖然不像「爛尾樓」般嚴重,但筆者仍然希望大家在海外投資上要清楚所有細節,正所謂「魔鬼在細節」。其實很多時候,投資海外物業的陷阱都大同小異,不外乎都以「租金回報保證」、「原價回購」等句子來吸引買家。對買家而言,有人封蝕本門,一定覺得很划算,但原來很多時候都只是「空頭支票」,請別相信一面之詞。

英式教育 文化薰陶

話說回來,作者從小就在香港教會學校讀書,初中仍在傳統學校就讀,成績不俗,但思維狹隘,其後轉到香港華仁書院就讀,對讀書及人生又有另一番體會。

於八、九十年代,當時社會經常討論移民或海外升學。因家人支持,作者得以留學英國,擴闊眼界,開始接受英式高等教育。當年筆者其實報讀了商業及資訊科技課程,但開學前認識了英國大學的兩位房地產及測量系教授,發現測量專業的優勢,所以決定「轉科」。回想當初,我認為這決定是對的。

位於倫敦的聖潘克拉斯車站(St Pancras railway station)是擁有兩座維多利亞時代的知名建築物。

其實,測量系對專業知識的要求很高,課程包括建築、物業評估、法律、城市規劃、經濟、物業投資、資產管理等,除上課外,亦需要去考察不同物業及發展項目,更要去參觀「爛樓」,從中學習建築及維修等方法,以及檢驗樓宇的程序。英國的物業種類繁多,亦有不同建築風格,所以修讀建築科目的首半年先讀歷史,如維多利亞女王時代及歐洲歷史、建築風格及特色等。這些都令筆者對歷史建築,如古堡(Castle)、塔樓(Tower)及莊園(Manor)產生濃厚興趣。

巴斯的皇家新月（Royal Crescent）建於18世紀。

在英國讀書時，只要有假期，筆者便會跟朋友開車到英國各地，順道了解各地文化、特色建築、參觀博物館等。筆者認同「讀萬卷書，不如行萬里路」，前後曾到訪超過100個地方，開始體會到英格蘭跟蘇格蘭、威爾斯、北愛爾蘭的地貌、文化及口音如何不一樣。

讀萬卷書 不如行萬里路

作者十分喜愛英國郊區及小城，如黑池（Blackpool）及巴斯（Bath）。黑池是英格蘭西北部的一個優美海邊城市，也是國際標準舞界的聖地，每年都會舉辦黑池舞蹈節（Blackpool Dance Festival）。而巴斯位於英格蘭的西南部，曾是古羅馬帝國的一部分，羅馬人在這城市建有「羅馬浴地」，巴斯許多建築是用當地的白色或金黃色石塊所興建，跟英格蘭其他以「紅磚屋」為主的城市不同，別有一番風味。

以莊園計，作者首推兩大莊園：查茨沃斯莊園（Chatsworth House）位於英格蘭北部德比郡（Derbyshire），亦是電影《傲慢與偏見》取景的地方；朗利特莊園（Longleat House）則位於英格蘭的威爾特郡（Wiltshire），以灌林迷宮（Fotolia）及園林景觀聞名。

拜伯里的鄉村屋歷史悠久。

英國中北部有山區（Peak District）及湖區（Lake District）。山區的大部分地區是英國國家公園，多是海拔1,000呎以上的高地，春天時十分漂亮。筆者讀書時居住的房子，開車10分鐘就可到達山區範圍。湖區則有大量湖泊，相信是英國空氣最純淨清新的地方。郊區最著名的小鎮是拜伯里（Bibury），拜伯里位於科姿沃爾茲（Cotswolds）的鄉村地區，那裡有些小排屋建於1380年，相當具歷史價值。另外，英國亦有「天涯海角」，最北面的地方是約翰岬角（John O'Groats），面向北海，而西南面的盡頭是蘭茲角（Land's End），位於康沃爾郡西部（Western Cornwall），這些地方的天然地貌十分獨特。

筆者亦想藉撰寫本書帶出一事，不管房地產投資、旅遊或移民，其實可以從多角度更深入地看每一個國家，發掘出魅力及潛力。

測量師 不止於「量地」

筆者在測量界多年，亦想更正不少人對測量師工作的誤解。其實大多數測量師都不止於「量地」，更要在各建設項目興建的不同階段，負責測繪地界、規劃發展、樓宇保養、工程監管、成本管理、房地產投資、資產管理等不同的工作，工作範疇十分廣泛。要成為合資格的專業測量師，除相關的大學學歷要求外，還需要通過專業評核試，並累積一定經驗。

回望香港，在 1843 年殖民地時期，當時港英政府首位測量總監已正式上任，掌管香港的公共建築、城市規劃及土地拍賣。至二十世紀六、七十年代，香港大部分測量師均直接從英國聘任，在不同政府部門（如地政總署、屋宇署）工作。現時，當然多了許多土生土長的測量師，除了服務政府部門，也有任職私人企業，如地產發展商、承建商、顧問公司、銀行，及半官方機構，如房委會、地鐵、市建局等，亦有部分測量師選擇私人執業。

筆者作為專業測量師，在此書會以專業角度為各位讀者分析英國樓市，望能深入淺出地帶領各位讀者一同了解英國的房地產市場。

環球住宅市場
英國穩步上揚

1.1
香港樓市神話不再？

不少香港人營營役役就是為層樓，深信樓價通常大漲小回。而與一般投資工具相比，物業具有不同功能，例如可作住宅、寫字樓、工廈或街舖等用途，但同時具有以下特徵：

○ 固定和不可移動

○ 低流動性

○ 投入成本較高

○ 可作高成數槓桿

○ 資金回收期長和有週期性

○ 有風險及約束性

物業通常是土地與房屋的合成體，價格包含土地使用權費用。土地在香港甚為稀缺，所以通過城市及經濟發展，物業會增值，所以具有投資價值。

香港業主被寵壞

但是，過去10年香港人被寵壞了，正確是業主被寵壞，以為物業買賣永遠可以「賺大錢」，但如果以投資股票市場一樣的心態去投

資樓市，你可能買中「市場走勢」（Market trend），但不是長遠萬全之策。用香港人的收入中位數來說，現時樓價當然是「泡沫」，許多媒體常常報導業主低買高賣、賺了多少，其實這不過是過去十數年各國央行鬥印銀紙的後果。

筆者任職的測量師行已有125年歷史，總部在英國倫敦，全球有近500個辦事處，長期服務及監察全球主要房地產市場。根據其「100萬美元在全球可購買的豪宅面積」的統計，歐洲的摩納哥豪宅價格已連續第13年為全球最貴，100萬美元在摩納哥僅能購買16.4平方米（約177呎）的豪宅。而香港及倫敦佔第2和第3位，100萬美元分別可購買21.3平方米（約230呎）和30.4平方米（約327呎）的豪宅。紐約則在第4位，倫敦和紐約的樓價差距很小，這主要是匯率變動的影響。

為何摩納哥豪宅的平均呎價是全球最貴？摩納哥地處法國南部，是全球第二小的國家，僅次於梵蒂岡，國土面積只約2平方公里，人口也只有3萬多人。不過，摩納哥無個人所得稅的政策吸引了無數的富裕避稅移民，主要是來自其他歐洲國家。在這情況下樓價自然最貴。

圖表 1.11 全球豪宅最貴的十大城市

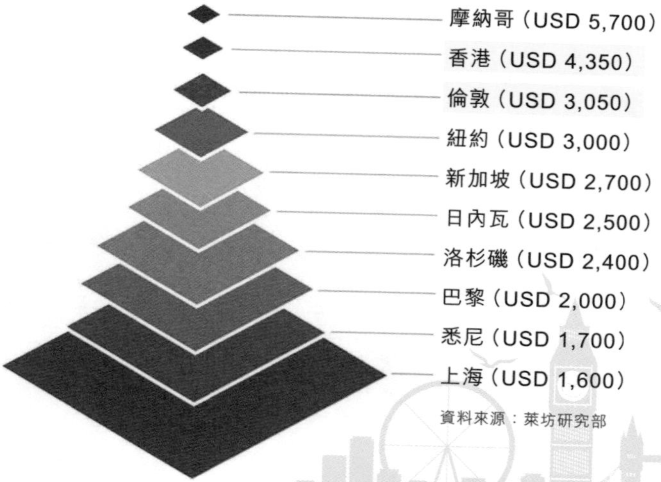

- 摩納哥（USD 5,700）
- 香港（USD 4,350）
- 倫敦（USD 3,050）
- 紐約（USD 3,000）
- 新加坡（USD 2,700）
- 日內瓦（USD 2,500）
- 洛杉磯（USD 2,400）
- 巴黎（USD 2,000）
- 悉尼（USD 1,700）
- 上海（USD 1,600）

資料來源：萊坊研究部

撇除摩納哥，香港的豪宅是全球第二貴。重點是在摩納哥樓市找不到一個16.4平方米（約177呎）的豪宅，但在香港卻真的可以在市場上購買到21.3平方米（約230呎）的豪宅單位，還有面積更細的「納米單位」，這是香港人的悲哀。

過去10年，許多亞洲城市，如香港、新加坡、上海、東京、北京等都上了這「豪宅榜」。這反映自2008年金融風暴後，因低息環境及各國的「量化寬鬆」政策令亞洲區的物業價格持續上升，與歐美各國不同，許多亞洲區內的物業價格已經「離地」，不是一般當地民眾能負擔，或當地經濟能支持樓市持續健康發展，這些是風險所在。

全球大部分房地產市場的週期是以15至18年為基礎。樓市週期通常分為4個階段：

圖表 1.12 樓市週期 4 階段

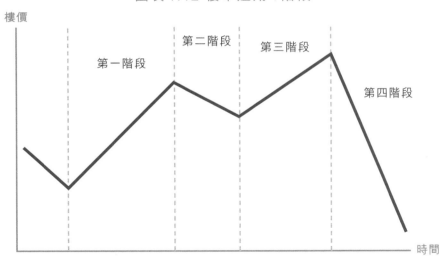

第一階段：樓價衰退結束，觸底後緩慢復蘇。因樓價下跌的幅度大，會吸引投資者入市，高回報率吸引更多的買家進入市場，推動樓價逐步上漲；

第二階段：部分投資者因為樓價上升獲利，所以止賺離場，樓市會有少許回落；

第三階段：投資者及買家再不斷入市，樓價達到頂峰；

第四階段：樓價衰退，價格暴跌，物業「負資產」及高負債的人破產，引發被迫拋售，從而進一步壓低樓價。

香港住宅樓市的一個週期約為15至16年，即樓價由谷頂到谷底、再升到谷頂所需的時間。在樓價處於上升或下降軌道時，哪怕是發生令人震撼的正面或負面事件，也難以改變其軌跡，最多是出現一定幅度的改變，但幾個月後又會回到原有的軌道。如香港經歷社會運動及疫情，樓價的調整幅度始終不多。但要注意當樓市週期將要完結之時，一些事件足以形成導火線，令樓價大幅下跌，如1997年的亞洲金融風暴。

不過，大部分香港人的資產組合，最大比重仍在香港的物業。如果香港樓價持續上升，物業的長期回報不但會跑贏通脹，而且比股票還要好。但近年香港社會及經濟經歷不小改變，足以令人重新審視這個金科玉律。假如神話不再，就要考慮投資香港物業可能引起的風險和機會成本。

海外「上車」夢

在香港買幾百呎的所謂「豪宅」，動輒要千萬港元起跳，假設做到六成按揭，首期也需拿出至少400萬元；如薪金水平許可，1,000萬元以下的首置住宅物業可以做到80%至90%的「超高按揭」，但每月需付高昂的按揭還款。不管是哪一類「上車」方法，對很多中產「打工仔」來說也是難以負擔。

中國人普遍對「磚頭保值」有一種迷思，近年不少港人轉而買外地樓，皆因不少外地樓的樓價不像香港那麼「癲」，而且租金回報不俗。例如作者身邊有些朋友在香港已有物業，但希望分散投資，所以想投資海外物業。如果怕風險大，作者通常會建議買英國及澳洲的一手樓，皆因安全系數高及法制健全。部分人除投資外，也希望可以在退休後「享福」，所以會買獨立屋或半獨立屋。當然有些朋友追求高回報及「短炒」，那就選擇到東南亞，如越南及柬埔寨等地買樓。

只是投資海外樓市，畢竟跟香港很不一樣，有些地區更具週期性及高風險。要知道，香港是全球房地產流動性最高及交易時間短的地方，大部分物業只「叫價」合理，基本上在短期內可以賣出，交易時間也只是2至3個月。相對於其他市場可能只是有價無市，或交易時間長、資金回收慢，是不一樣的概念。

1.2
英國樓市安全系數高

香港買家投資海外物業主要有幾種需求，包括投資收租、子女升學、移民，又或是追求資產保值。

過去二三十年，英國、加拿大、美國及澳洲一直是「避險門戶」（Safe Heaven），投資者視倫敦、紐約、溫哥華等大城市為投資避風港。而香港人如無投資海外樓的經驗，買英國及澳洲物業會相對比較安全，皆因其法制較完善及風險較低。

英國的房地產市場有5大基礎優勢：

○ 全球資金的追捧熱點

○ 法律法規的保障度高

○ 市場透明度高

○ 政府政策有利房地產市場穩健成長

○ 長期經濟平穩增長，脫歐是「先苦後甜」
　（Short-term pain for long-term gain）

英國樓未來5年有升值空間

雖然新冠肺炎疫情影響，倫敦樓價略跌，不過，倫敦仍然是環球投資者的理想投資選擇，原因是大量基礎設施投資促進當地交通網絡發展，及長期未能解決的住屋短缺問題。橫貫鐵路（Crossrail）將改造該城市，並帶動全倫敦的增長，提升資產價值，以一般住宅計，要買最好買「鐵路沿線物業」。估計2021年至2024年的5年間，英國及倫敦樓價仍有升值空間。

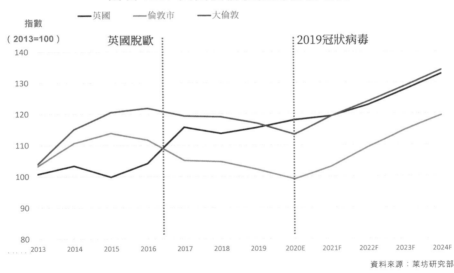

圖表 1.21 英國及倫敦預測樓價增長

資料來源：萊坊研究部

筆者工作的測量師行編制了「國際豪宅指數」，涵蓋全球100個主要城市的自住和第二居所的樓價。截至2020年，雖受疫情的影響，全球100個主要城市的平均樓價都錄得少許升幅，樓價增長最強勁的歐洲城市包括愛丁堡、柏林、雅典、里斯本和法蘭克福。

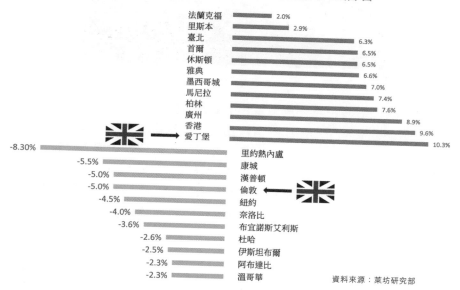

圖表 1.22 全球豪宅樓價升幅 愛丁堡居首

法蘭克福	2.0%
里斯本	2.9%
臺北	6.3%
首爾	6.5%
休斯頓	6.5%
雅典	6.6%
墨西哥城	7.0%
馬尼拉	7.4%
柏林	7.6%
廣州	8.9%
香港	9.6%
愛丁堡	10.3%
里約熱內盧	-8.30%
康城	-5.5%
漢普頓	-5.0%
倫敦	-5.0%
紐約	-4.5%
奈洛比	-4.0%
布宜諾斯艾利斯	-3.6%
杜哈	-2.6%
伊斯坦布爾	-2.5%
阿布達比	-2.3%
溫哥華	-2.3%

資料來源：萊坊研究部

愛丁堡料成樓價增長火車頭

過去5年蘇格蘭的樓價增長了17%，仍低於英國的平均增長率（過去5年平均約22%）。但有分析指出，蘇格蘭首府愛丁堡的樓價將在未來5年內超過英國平均水平，主要是由於穩定的經濟支撐起當地的樓市。蘇格蘭的經濟增長及就業人口比例均高於英國其他城市，從事高技術工種的比例亦很多，許多年輕的專業人士遷至愛丁堡，刺激當地的住宅需求，當地住宅交易速度亦較快。

愛丁堡的住宅市場在過去兩年中表現突出，許多投資者購買物業，再通過Airbnb出租以賺取回報。

另外有部分投資者把目光放到倫敦市郊及倫敦以外城市。筆者在兩三年前，已開始建議親友考慮於伯明翰置業。伯明翰是英國人口第二多、倫敦以外企業集中度最高的城市，是一座轉型中的城市，伯明翰物業的買家中，四分之三的人是買樓作投資或出租等用途，反映出投資者看好伯明翰的未來潛力。現時伯明翰的平均樓價只及倫敦的平均樓價約40%。市區一手住宅單位入場費約25萬英鎊起，租金回報率約4.5%。

此外，英國政府推動「北部振興計劃」（Northern Powerhouse），大力投資英格蘭中北部地區，其中又以曼徹斯特作為西北地區的經濟領頭羊。曼徹斯特的樓價仍有上升空間，而且與倫敦相比，曼徹斯特的樓價更易負擔，因此可吸引謹慎並希望分散投資組合的海外買家。筆者會在稍後的章節再詳細介紹英國不同城市的特色。

英國樓短炒免問

受脫歐及經濟環境不明朗等因素影響，市場擔心英國經濟將會轉差，自脫歐以來倫敦樓價已下跌約7%至8%。新冠肺炎疫情當然亦為英國住宅市場造成壓力，經濟衰退和失業率上升正在影響部分住宅市場。筆者也看到市場上有不同的反應，有部分買家會推遲購買海外物業的決定，但有部分買家則認為現時是入市的好時機。不過過去幾年，英國（尤其是倫敦）一直是國際投資者的熱門投資目的地，筆者相信未來會有愈來愈

多的亞洲買家到英國投資，不論是住宅、商業樓宇、養老居所或其他物業項目。

英國房地產投資回報不俗，長期是資金避風港，多年來平穩發展及提供合理回報，預計英國樓價在2021或2022年起會繼續增長，所以筆者一直強調投資英國樓要看中長線，「短炒」免問。如追求樓價爆升或「炒樓」，請向東南亞市場入手。

1.3
移居、教育、投資
考慮各不同

香港人一向喜歡到不同地區旅遊、讀書或買樓投資，近年亦有部分港人想到海外置業定居。但教育、投資和移居是三件不同的事情，不可以混為一談。投資物業可算是人生的重要決定，特別是隔山買海外樓前，你必須想清楚買海外物業的原因和動機：用作海外投資、多元資產配置？成為你的第二個家？抑或是給兒女讀書或一家移民後的自住居所？當想清楚自己的買樓動機後，才可尋找到一個合適的置業地點和投資方法。

舉個香港的例子，香港在 1997 年起發展西九龍站，過去 20 年西九龍出現大量新樓盤，如當時你有入市，今天的投資回報應該相當不俗。但西九一帶並不是傳統名校區。同樣道理，今時今日，英國倫敦許多新樓盤並不是位於傳統區域，地產商只是看中這些地段價格便宜，或是舊區的重建發展潛力，所以入市買地興建項目。例如香港的地產商早在九十年代已投資倫敦金絲雀碼頭（Canary Wharf），今天該區已變成金融豪宅區，物業升值回報可見一斑，但具歷史傳統的名校，不論是寄宿學校或傳統公校，都不是位於這些區域，因此，如果你買樓的目的是為了給兒女讀書，金絲雀碼頭的樓盤未必是你的首選。

筆者曾在歐資銀行負責中國內地的大型房地產融資及證券化項目，了解到不同地域的人對投資房地產各有不同觀點和原因，如中國人在英國購買住宅物業，多為了子女教育或財富傳承；中東買家多關注倫敦豪宅市場；日本人則比較關心英國物業的投資回報等。至於

倫敦金絲雀碼頭從船塢林立，搖身一變成為金融豪宅中心。

香港人，傳統上主要為子女教育、財富配置或移民而購買英國樓，近年則多了人由於香港政府的樓市「辣招」、投資成本增加和社會紛爭而關注海外物業市場。

移居不一定要移民

當然，有部分港人想離開香港，前往外地過新生活，先不管原因，其實離開香港也不一定要移民。簡單而言，有三項方法可以離開香港。第一是「移民不移居」，即是直接申請外地的護照，但不一定要到當地生活。歐盟護照就是其一，例如塞浦路斯（Cyprus），透過投資約200萬歐元，最快約6個月便可入籍，毋須坐「移民監」。

第二是「移居不移民」，如馬來西亞的「第二家園」計劃（Malaysia My Second Home，簡稱MM2H），擁有約100萬港元流動資產及一定月收入的海外人士能透過投資，擁有長期居留的權利，但不會擁有當地的永居身份或護照，亦不能享受當地的任何福利。

第三種是「先移居後移民」，這是八九十年代香港人常用的移民方式，在英國、澳洲、加拿大等國家先申請移民簽證，履行移民要求如坐「移民監」及語言考試等後，就可以申請永久居民身份及護照。而自2021年1月起，手持BNO港人可以申請簽證，赴英國居留最多5年，之後可申請居留，定居滿1年後可申請入籍。

當然，有關移民或移居的最新資訊和手續，應向移民顧問查詢。

無論如何，移居到一個地方，你要真心喜歡那個國家，包括當地的環境與文化。有些人會説英國天氣又冷又濕、英國人不好相處、食物千篇一律、食物質素差等，這些都是一些主觀的個人因素。要知道，無一個地方是完美。要真心喜歡，才會融入當地社會及文化，例如嘗試欣賞不同的建築、享受郊區的寧靜，在英國，更可與球迷一齊支持熱愛的足球隊等。

反思海外置業的動機

如以「第二個家」（Second home）為原因，首先要看是長住或短住。如以此買樓動機，首要考慮不是租金回報率等因素，而是買家的個人喜好及居留權等問題。我的朋友 N 於 2018 年在澳洲墨爾本郊區買了「獨立屋」樓花，雖然當地租務需求不高，又有「供過於求」的問題，在投資角度不算理想。但以六七百萬港元可以買到環境優美的獨立屋，在香港是不可能的，而他及家人每年亦會到那裡短住，甚至計劃退休後到彼邦定居，如此情況就不是單純物業投資的考量了。

如果打算長期移居，你是退休、半退休、抑或還需要工作？如果要「搵食」，英國在一眾歐洲國家之中，算是有較多發展機會的地方，但物價亦相對很多歐洲國家為高，要選擇大城市或工作機會較多的城市落腳。如果是退休或半退休，英國也有許多優美的小城市、郊區或鄉村，如世界文化遺產城市之一的巴斯（Bath）或莎士比亞的故鄉史特拉福（Startford）。

視乎學校類型 決定入市地段

至於子女教育，對許多香港人來説是很重要的，希望子女接受較優質的教育。但移居海外或出外讀書對子女都是一個極大的轉變及挑戰，但從小習慣了在香港那麼小的地方長大，一旦到了外國，難免有所不適應。如只有子女在英國上學，父母留在香港。那還是要根據子女的性格及意願作決定，作者有數個朋友的子女在初中時前往英國留學，但過了2、3年後，始終不太適應，最後回港繼續學業。

而當選擇留學時，住所是否需要鄰近學校，則是一個需要探討的問題。

如子女仍就讀中小學，需要視孩子就讀的是哪類學校。在英國，如就讀傳統公立學校，宜同時考慮學校及居所位置，方便照顧，可考慮選擇住近學校，因部分公立學校的收生方法是按住址距離而定，即是住得愈近學校，成功入學的機會愈高。如子女選擇就讀寄宿學校，因許多寄宿學校都位於鄉郊或城市外圍，父母不一定要住近學校，置業地點可根據父母的喜好或工作條件去決定。

如果子女已升讀大學，買樓時除了考慮教育外，家長也可趁機買樓，投資保值，變成一個「雙重任務」，反正不買樓，都要交宿舍租金。首要選擇近優質校網區或「大學區」的物業，二是可考慮一手或二手的開放式或1房單位。當然也要比較讀書年期的總租金收入（英國租金收入須付入息稅）及按揭支出。如物業市道向上，子女畢業後，就可以賣出物業，賺取資產升值。

精明選對英國樓

趁子女留學買樓 又住又賺

我的客戶B君，其兒子在數年前到倫敦修讀學士及碩士課程，B君為此以約50萬英鎊購買了倫敦第一區（Zone 1）的一個1房公寓，雖然英鎊下跌，但數年來物業升幅約20%，一來一回也有賺。

如資金許可，也可考慮買2或3房單位，1房供子女自住，另外的房間則出租，也不失為「另類投資」方法。我的一名內地朋友，他的兒子就讀曼徹斯特（Manchester）的大學，因此他在曼徹斯特以約45萬英鎊購買了一個3房住宅公寓，主人房供兒子自住，另外兩個房間則出租。因公寓作自住用途，不用找物業托管公司管理租務，另外可訓練兒子的能力及獨立性。租金收入已足夠支持約60%至70%的按揭支出，或可當作兒子的生活費。這與以前半工讀、到餐館打工的窮留學生不可同日而語。

最後，如只著眼買樓作投資，地段（Location）永遠是最關鍵的因素，而且是「地段、地段、地段」，重要的事情要講三次。

1.4
買「藍籌」或「創業板」
海外樓？

近年港人海外置業的熱門選擇，除了歐美外，還包括日本、泰國、台灣及馬來西亞等，單是選擇哪個市場，已讓人眼花繚亂。很多人都問筆者，如買海外物業只用作投資，投資哪裡的物業較佳？我的回答是看「年紀」及「心臟好不好」。如同股票一樣，海外物業一樣有分「藍籌股」和「8字頭創業板」。

要投資「藍籌」樓，即安全性高、租金回報及物業價值升幅相對穩定，也可以在銀行做到按揭的住宅樓房，可著眼英國、美國及澳洲等國家。

留意能否借到按揭

一些市場調查顯示，本港年輕一代在外地置業，傾向選擇亞洲區物業，主要由於入場費低，而且亞洲多個國家的樓市仍具投資價值，到日本、泰國、馬來西亞等國家置業，樓價升幅可能會高一些，但須留意是否能做到按揭。

有膽量追求高增值回報，手上又有現金閒錢，更可考慮「創業板」物業，如東南亞的柬埔寨、中東的杜拜及中國珠三角大灣區的城市。選擇得宜的話，這類市場長遠可達高增值，但香港很多銀行未必會為東南亞物業承造按揭，建議買家買樓前先向銀行查詢。而由

當地銀行承造按揭，息口會較高，亦未必接受境外人士申請按揭。所以投資「創業板」物業，對買家的「持貨能力」及「現金流能力」要求較高。

中小型單位 較易出租及轉手

在海外買樓，千萬不要以香港人的眼光及購買力去看。要先假設你是當地人，會不會覺得樓價或租金太貴？

筆者建議有意在海外置業的一般買家及非專業投資者，可選擇貼合民生、非豪宅的「中價樓」，因該類物業較容易出租及轉手。如果希望把物業出租予海外僱員或「公司客」，不應買太大面積的單位，1至2房的單位會更為適合。同時中小型單位的銀碼較細，日後轉手也容易些，如資金足以買一個1,500呎的單位，倒不如改為買兩個中小型單位。

總括而言，應該選擇投資哪個外地市場置業，筆者認為買家要視乎個人風險承受能力，還須關注樓市升值潛力、租金回報、按揭可行性，及物業流動性等多方面因素。

如買海外物業只當作投資，不外乎會獲得三類回報，一是租金收入及租金增長（Rental income and rental growth）、二是資產增值（Capital appreciation）、三是匯率（Foreign exchange）。因此，買家可作三

個基本考慮，第一是槓桿，第二是低息，第三是租金回報。如果買海外物業不能借貸，或是樓按利率高於4.5厘，或按揭成數少於一半，而買的是超長樓花期及屬「供死會」的，遲遲未有租金收入，這種海外盤不值得投資。

此外，要追求高回報，一定要做物業按揭，如要以無槓桿、即十成現金買海外樓作投資，倒不如買「公用股」或「房地產信託基金」（REITs），起碼後者更具流動性及「出貨」快。

精明選對英國樓

1.5
海外買樓陷阱多

香港人對「磚頭」的喜愛不分中外，近年在香港頻頻見到海外樓盤進行展銷，每天在各大報章雜誌都可以看到不少海外樓盤的廣告。除了「安全系數」較高的歐美國家房地產外，近年亦有買家進軍新興市場，如柬埔寨、泰國、馬來西亞、越南，甚至阿布扎比等地的物業，主因是「入場費」不高，收樓後數年又有超高租金回報，或有回購保證，因此吸引許多買家斥資買入。但筆者耳聞不少買家「中伏」，因此認為，對非專業的投資者，「隔山買牛」投資海外物業的回報雖看似吸引，實際風險甚高，一旦貨不對辦，亦不知如何處理，因此投資前要「做足功課」，留意與香港物業相異之處。

日本二手筍盤 留意防震是否達標

舉例日本市場，日本政府規定新建住宅單位的面積不得少於25平方米（約269呎）。在日本置業要留意文件是否有列出「重要事項說明」，文件會以日文詳細記錄單位細節，例如結構，準買家務必閱讀清楚。

在日本購買二手樓會有「瑕疵保障」，賣方要為買方承諾售後保養期，以保障買方毋須承受未能即時發現的問題，如漏水、白蟻等。

但海外人買日本二手盤亦時有發生問題、容易「中伏」。另外，日本位處地震活躍帶，投資者須留意物業是否達防震標準，如1981年後落成的物業須達6級防震，2000年後須達7級房震。最新建的物業通常已達相關防震級別，但許多樓齡超過30年的物業，由於未達防震標準，所以才會出現叫價數十萬港元的「筍盤」。

另外，部分代理會以保證特高租金回報（如10%以上）及回購保證作招徠，不過此類二手盤維修及管理成本高，甚至租金收入無法抵消日後的維修費用，而且轉手不易，得不償失。投資日本樓，一定要找一個可靠的代理。

別盲信保證租金回報及回購

同樣情況亦出現在英國樓。過去英國一手樓花有不少中伏陷阱，時至今日雖然改善不少，但樹大有枯枝。筆者記得，在2012、2013年，有發展商通過代理銷售利物浦、曼徹斯特等地的「學生宿舍」。買家買入宿舍單位後，一開始或可收到保證租金回報，然而發展商之後數年連推多個新盤樓花，部分項目閒置數年尚未開始還沒動工，無收樓；而部分已收樓的項目，所謂保證租金回報及回購都沒有兌現。作者強烈建議買家不要盲信保證租金回報及回購，即使是正常樓盤，「羊毛出在羊身上」，其實一切都是買家的錢。

因此，投資者不要以為在「發達國家」買樓，便會有足夠保障，請不要「太天真」。

提防「集體投資」物業項目

另外，買家須提防「集體投資計劃」的海外物業投資項目。例如有些在日本北海道、印尼峇厘島、泰國布吉島的酒店及度假村投資項目，或是服務式住宅、學生宿舍和商場的投資項目，性質並非為單純的物業買賣，有可能被視作「集體投資計劃」。

「集體投資計劃」的物業投資項目，因需要證明有良好及整體的資產管理，所以在香港必須經由持有證監會牌照或註冊的中介公司銷售，向本港公眾銷售此類計劃，應受《證券及期貨條例》的規管。未得到證監會認可的「集體投資計劃」，只可售給專業投資者或根據《證券及期貨條例》下的其他豁免來銷售。

此類「集體投資計劃」，跟單純的物業買賣分別甚大。在一般的物業投資中，當買家購入物業後，買家會有處理物業的權利，例如決定是否出租、租給誰人和租金釐定等。如屬於「集體投資計劃」，通常投資者都沒有處理物業的權利，整個物業單位的管理和租賃事務，一般會由項目營運商或管理公司統一管理。而投資者所得到的租金收入，有可能並非來自投資者所擁有的單位，而可能是攤分了整個物業的收益或利潤。

一般而言，筆者不建議一般投資者購買或投資這類型物業項目，因為香港的監管機構不能全面規管海外物業的所有交易活動，例如《地產代理條例》只主力規管持牌地產代理的物業交易，但如涉及非持牌代理的問題和糾紛時，本港的監管機構未必可以提供全面及即時協助。

最擔心買到爛尾樓

買樓最怕買到爛尾樓。相信部分上年紀的讀者或會記得20多年前在中國內地（主要在廣東省）及東南亞買到爛尾樓的問題。爛尾樓是指工程已經開始，在半途中止而未能完成建築的物業，起因通常是由於發展商缺乏足夠資金、產權糾紛、工程質量不合格等。

在八、九十年代，中國內地爛尾樓遍布各地，絕大部分是因為資金和債務問題。當時內地的房地產發展是「房隨地起」，發展商會用「國有土地證」向銀行貸款，但當時有些項目竣工後，發展商沒有足夠資金還款給銀行，所以銀行會收回貸款（Call Loan），即向法院要求以土地權益抵債，那小業主雖然已有買賣合約，但不是正式的權利人，所以在法律上未能正式完全擁有物業產權和權益。另外亦有部分發展商已賣出樓花，但因不同問題而最終沒有完工，令買家損失慘重。當然現時中國內地法制已較完善、建築質量大有改善，爛尾樓已幾近在大城市絕迹。

英國亦有「爛尾樓」的問題，這些項目通常都伴隨著超高租金回報及回購保證。例如在2014至2015年間，投資者發現有曼徹斯特樓盤項目的發展商被入稟清盤，法庭已頒佈清盤令，發展商亦因資金問題而停工，當時項目仍處於建築初期，距離竣工還有一段長時間。銷售樓盤時曾承諾會為投資者代為放租，首5年保證回報率達8%，及有回購保證，通通未能兌現。

易爛尾的樓盤項目都有一些特徵：

○ 銷售員如在街上、地鐵站和碼頭附近派發傳單，直接約睇樓或推介海外及中國內地樓盤；

○ 買家接獲不明來歷的電話、WhatsApp、Email，銷售員推介一些比市價便宜的樓盤；

○ 推介特高租金回報及回購保證；

○ 要求買家出席投資講座和參加睇樓團（通常包飲、包食、包車接送）；

○ 表面上，項目已經銷售完畢，但代理說有私人關係，可以協助購買。

1.6
買海外樓的 10 項提示

「隔山買牛」的風險很大,切忌不要「羊群心理,人買我又買」。不管在海外哪個地方買樓、用作投資或自用,都應注意以下10個事項:

1. 重思買樓動機

決定買樓前,一定先清楚了解自己購買物業的原因,是自己生活還是投資需要。之後再仔細計算要繳付首期的金額及每月供款,分析自己的負擔能力。

2. 了解全國經濟至社區環境

在買樓前先了解楚當地的生活成本及社會情況,若你買樓作投資用,這有助預計購買物業後的財政支出及當地人的承擔能力,亦可藉機了解將來投資時的機遇,並在必要時調整投資計劃;若你買樓作移居用,更應該藉此了解當地生活節奏及文化、城市的活力,以便日後適應。

以倫敦為例,地區性是首要考慮因素,傳統上不同地域所反映的樓價、租賃情況或社區環境等皆有不同。倫敦有數百年歷史,有些地區是十分殘舊,如作為出租或自住,即使當地樓價升值空間不俗,仍要考慮社區的新舊情況和宜居程度。選定區域後,再於區內尋找價格合適的房地產項目,更能貼合買家的投資目標和用途。

一般以泰晤士河的四個方向作為分析投資潛力的指標之一，泰晤士河以南由古至今是較殘舊及混雜的地區，筆者的大部分客人會選擇投資泰晤士河以北的地方。選擇南、北方向後，繼而再考慮東或西倫敦。

以投資角度而言，當地政府近年積極重建東倫敦，倫敦奧運的主場館和金融中心金絲雀碼頭均位於東倫敦，物業及相關配套設施較新，東倫敦市區改造後的未來發展潛力不斷攀升。

3. 政策支持地段 最具升值潛力

要分析一個市場和潛力，最簡單先看兩項因素，一是當地的住宅成交量及未來供應量，二是當地的未來城市規劃及基建計劃。有政策支持（Policy support）的城市或市場，永遠最具潛力。

如聚焦在英國，優質校網區的住宅出租率不俗，但要留意該區部分住宅可能由舊屋或舊貨倉粉飾翻新，亦要留意校網內學校錄取海外學生的比例、該區富裕及貧窮人口的比例等。

4. 上市發展商最可靠

近年愈來愈多買家及投資者到海外買樓，相關物業項目代理亦百花齊放。「隔山買牛」，切忌「貪小便宜」，對買家而言，找一家有信譽的代理是十分重要。現時資訊發達，很容易就能在網上找到發展商及代理的新聞。

如怕不良發展商以新公司名稱「借屍還魂」，讀者可以留意發展商之前及將來的樓盤項目資料，從中了解該發展商的物業質素，及未來的發展策略（如定位及樓盤供應量等）。如果想再做多些功課，可以留意發展商所用的承建商。

如在英國買一手樓，作者建議選已上市的發展商，如果承辦商是上市公司，便可查閱公開的財政報告，另外有部分香港上市的發展商在英國也有發展專案，因為港人一般較熟悉香港的發展商，相對上亦較穩當。

如買二手樓，作者建議通過國際性顧問的公司，起碼追討有門，它們一般會購買專業責任賠償保險（Professional Indemnity Insurance），是信心保證。

5. 留意海外物業術語差異

買家除了可從報章獲知樓盤資料外，亦應向發展商及代理查詢，索取售樓書，研究樓盤的位置、單位面積及售價，認購的單位合約有沒有清晰列出是否連車位、露台或平台等。以面積為例，許多國家對「實用面積」的定義都不一樣。英國主要計算「可用樓面面積」（Usable Floor Area），不包括露台、陽台、花園及後院在內。

此外，讀者亦應留意物業的土地年期。跟香港不同，許多海外國家的土地權益大致會分為永久業權（Freehold）及租賃業權（Leasehold）。永久業權是指所購買物業及其直立的土地，都完全是屬於買家所有，沒有年期限制。至於租賃業權是指土地不是買家可永遠擁有，通常是有年期限制，如99或50年期等，當剩餘租賃期愈短，物業的價值愈低，買家必須留意。

6. 親身睇樓最安心

如條件許可，讀者先到當地參觀示範單位或地盤週邊環境，以了解物業間隔、設計及配套等。

如果不能到當地參觀，如要購買一手樓，因一手樓以樓花為主，現時雖有虛擬實境（VR）睇樓，但也只能看到週邊配套，其他只是效果圖。至於二手樓，則可以請代理作現場直播。

如果讀者仍然擔心，可聘請當地的測量師協助簡單分析及調查，基本測量費約200英鎊起，如想全面檢驗物業，涉及結構性測量要700英鎊起。

7. 投資回報要扣稅

各國的稅制均不同，近年部分大城市開始增加對海外買家的限制，如增收資產轉讓稅。此外，在不少國家，在賣出物業、股票等資產時，都要就售出資產時所獲的收益（可扣除中介費用、律師費、裝修費等），繳納資產增值稅（Capital Gain Tax）。

例如加拿大卑詩省（British Columbia）與安大略省（Ontario）的部分地區會向海外買家徵收物業轉讓稅。卑詩省的稅率是20%，安大略省的稅率則是15%。在澳洲，海外買家只能購買一手樓，亦不能在當地銀行承做物業按揭。此外，海外買家在澳洲購買物業需要繳交印花稅（每個州的稅率有別）、外國買家審核費，服務稅（GST）（稅率約10%）等。

至於在英格蘭和北愛爾蘭置業的非英國居民，由2021年4月1日起，購買物業需要支付額外2%的額外印花稅。

在資產增值稅方面，在英國，自2015年起，非英國居民亦要繳納資產增值稅（住宅物業的稅率是18%至28%），若香港人投資英國物業放租，日後如要出售物業，便要繳交資產增值稅。

另外，如果買公寓或分層單位，通常要每月向管理公司繳交管理費用，跟香港情況一樣，這視乎單位面積計算。而如有需要托管及出租物業，公司會收取租務管理費用，費用為等同每月租金的8%至12%。

各國稅制及買賣物業的洗費，都跟香港不一樣，買樓前要先了解，特別在計算物業回報時，必須將稅項計算在內，作者會在第6章再詳細說明。

8. 買樓投資 需計算匯率波動

在海外買樓時，要注意借貸貨幣的匯率走勢及風險。也許投資者的物業在當地市場獲得利潤，但匯率的變化可能會減少實際利潤。

以英國為例，股市、樓價及匯率有一定的關連性，英鎊自公布脫歐之後，已下跌超過20%，但這反而吸引亞洲買家投資英國樓。至2020年新冠肺炎疫情在英國爆發後，對英國股市影響較大，雖然住宅樓價仍然「硬淨」，但英鎊大幅大滑，如以港元計算投資回報，實際利潤會減少。

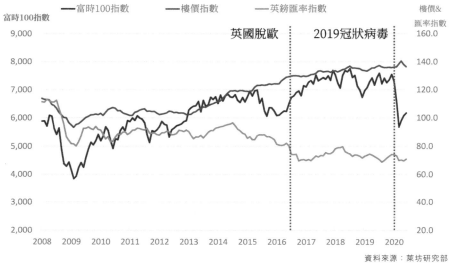

圖表 1.61 英國樓市指數 vs 英鎊

富時100指數　　　樓價指數　　　英鎊匯率指數

富時100指數

英國脫歐　　　2019冠狀病毒

樓價&
匯率指數

資料來源：萊坊研究部

9. 選擇適合自己的付款辦法

現時發展商提供很多不同的優惠付款方法，例如現金付款優惠、優惠按揭付款、靈活付款等優惠。在選擇付款辦法的同時，也要留意付款方式及時間，付款金額是交給代理，抑或是交給律師行等。

10. 外地銀行按揭不易做

除非有特別原因，如年齡或收入等因素做不了按揭，作者一直不主張「現金買樓」。若買一手樓，通常發展商有提供建議的銀行服務，買家可揀選合適的銀行承造按揭，借貸成數大多不會超過樓價75%。

作為香港人買英國樓，可在香港向匯豐銀行、中國銀行、東亞銀行等申請英國物業按揭。但須留意，香港這些銀行大多只承造英國大城市的一手住宅物業按揭。

如果是以英鎊為主要收入來源的英國籍人士，則可以考慮在英國當地的銀行申請物業按揭貸款或找按揭中介（Mortgage broker）協助申請按揭貸款。而使用按揭中介，一般需要繳付中介費。

英國現時對海外買家監管增多，以防「洗黑錢」，因此要提交的文件亦增多，審批時間亦較長，買家要有心理準備。例如作者一名朋友之前申請英國物業按揭，其收入以佣金為主，因疫情關係，收入大減，需要提供更多資產證明及來源以作審批。

如買二手樓，須留意銀行估值不足或借貸成數問題，買家可能需要準備更多資金。筆者會在第 7 章詳述申請英國物業按揭的注意事項。

精明選對英國樓

第 2 章

細看英國
值租、宜居地段

2.1
聯合王國 地貌文化

讀者也許曾到英國旅遊、升學或進修，或對當地文化有一定了解，但買賣英國房地產又是另一回事，也要多了解這國家的整體經濟趨勢、重要產業、基建發展、各地區的樓市走向。

英國的正式國名為大不列顛與北愛爾蘭聯合王國（The United Kingdom of Great Britain and Northern Ireland），簡稱為聯合王國（UK）或大不列顛（Great Britain），在此架構下包括了四個國家，分別是英格蘭、蘇格蘭、威爾斯和北愛爾蘭。

4個國家的共同體

英格蘭首府位於倫敦（London），其他主要城市包括伯明翰（Birmingham）、列斯（Leeds）、曼徹斯特（Manchester）及利物浦（Liverpool）等，亦有「大學城」如牛津（Oxford）及劍橋（Cambridge）等。

蘇格蘭首府位於愛丁堡（Edinburgh），最大的城市是格拉斯哥（Glasgow）。威爾斯的首府是卡迪夫（Cardiff），亦是最大城市。北愛爾蘭首府位於貝爾法斯特（Belfast），三分之一的北愛人口均居住於此。

這些城市是不少人考慮移民或投資物業的地方，作者會在第2.4至2.9章細說各城市的特色。

Shetland Islands

Orkney
Kirkwall

Stornoway
Thurso
Wick

North Atlantic

Elgin
Inverness
Fraserburgh
Peterhead
Aviemore
Aberdeen
Fort William
蘇格蘭
Scotland
Perth
Dundee
Paisley Glasgow Edinburgh
Ayr

North Sea

Coleraine

Ballymena
Omagh 北愛爾蘭
Enniskillen Northern
Ireland
Belfast

Isle of Man

North
East
England
Durham

Republic of
Ireland

Irish Sea

North
West
England

Yorkshire and
the Humber

Blackpool
Leeds York
Kingston upon Hull

Liverpool
Chester 英格蘭
England
East Midlands

威爾斯
Wales

Nottingham
West Midlands
Leicester
Peterborough Norwich
East of England
Swansea
Cambridge
Cardiff Swindon
Bristol
Bath
Oxford
Reading
Ipswich
Colchester

Greater
London
London

South West England

South East England
Canterbury

Newquay
Exeter
Southampton
St Ives Truro
Plymouth
Torquay
Brighton

English Channel

依法行事 尊重傳統文化

英格蘭人（English）、蘇格蘭人（Scots）、威爾斯人（Welsh）和北愛爾蘭人（Northern Irish）屬不同族裔，不過他們在語言與文化上已經有一定程度的融合，只不過英格蘭人以外的人民仍然保持其傳統生活文化及獨特民族性。而英國教育著重包容及共融，對種族歧視問題相當敏感。因此若閣下想在英國買樓放租，筆者建議最好不要詢問租客的國籍，避免被誤會為種族歧視。

在擁有多元文化的英國，一般英國人頗以自己的傳統文化為榮，相當尊重傳統，重視具有藝術與文化內涵的休閒生活。就民族性而言，英國人生性保守，因而保留著皇室與貴族，眾多古蹟、傳統文物、各式各樣博物館，以及無法重建但維修費用昂貴的傳統歷史建築。古堡、莊園可能是部分讀者的Dream house，不過除了售價不菲外，維修費亦是高價。

英國是一個自由與法治的社會，一切依法行事。不過，跟香港不一樣，在英國買賣二手物業，沒有臨時買賣合約，都是基於互信（Mutual trust）或所謂的君子協定（Gentlemen's agreement），即是買方毋須付訂金，理論上買賣雙方會在約四至六個月後（英國人的辦事效率難與香港相比）直接交換合約（Exchange Contract），交換合約之前都可以「縮沙」。

2.2
脫歐 × 疫情
英國樓伺機撈底

英國在十九世紀號稱是日不落帝國,至現時仍是世界第六大經濟體系。近年雖受脫歐問題困擾,但其國際金融與銀行保險業領導中心的地位仍然牢不可破。但 2020 年受新冠肺炎疫情夾擊,改變了英國以至全球的經濟基礎,疫情後的「新常態」(New normal)正影響全球經濟及房地產市場。根據政府預測,英國經濟未來五年只有「微弱」增長。筆者預期,英國雖然遭逢困境,但作為歐洲的主要經濟體,其中長線經濟前景仍是正面的。現時英國的樓價相對較低,按揭利率亦低,而且租賃市場健康,中長線極具反彈後勁,尤其在英鎊大幅貶值的情況下,現時是海外投資者「撈底」的時機。不過,筆者認為,現時投資英國樓,一定不能「短炒」,要持貨 5 年或以上作中長線投資。

未來五年 經濟「微弱」增長

2020 年的新冠疫情對全球經濟帶來重大衝擊,英國也不例外,根據英國統計局公佈的數據顯示,英國在 2020 年的第三季國內生產總值(GDP)終值按季恢復增長約 16%,但較疫情大流行前的水平仍低約 9%。但自從疫情爆發後,英國的疫情反覆,再加上脫歐因素,可能對英國的經濟造成衝擊,在 2021 年能否重啟正常的經濟活動,對英國經濟復蘇至為重要。

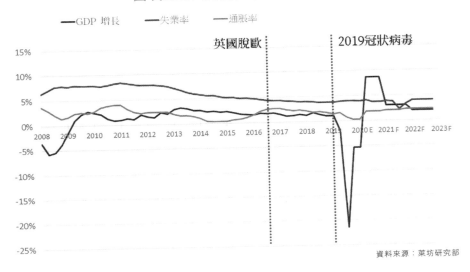

圖表 2.21 英國經濟增長預測

——GDP 增長　　——失業率　　——通脹率

英國脫歐　　　　2019冠狀病毒

資料來源：萊坊研究部

不過，雖然目前國際對英國脫歐後的增長仍存疑，但歐盟和英國在經濟關係仍是相互需要，因此即使是英國在名義上脫歐，筆者認為，這並不會在本質上改變英國獨特的經濟地位和對外經濟。筆者估計，2021年至2024年的5年間，英國及倫敦樓價仍有升值空間，所以筆者一直強調投資英國樓要看中長線，「短炒」免問。

全英平均樓價22萬英鎊

根據數據，2020年全英國平均樓價約21.5 萬英鎊（包括一手、二手全部房屋類型的交易）。至於統計20個主要城市的平均樓價約25.5萬英鎊，按年有輕微升幅，當中表現較好的是愛丁堡、諾丁漢及曼徹斯特。而倫敦仍以平均樓價約50萬英鎊，繼續成為全英國樓價最貴的城市。

圖表 2.22 英國主要城市樓價

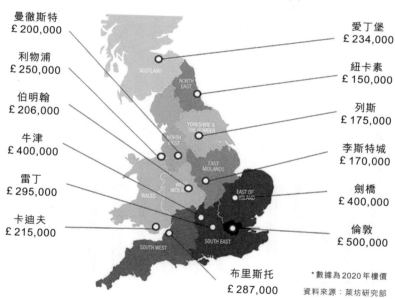

曼徹斯特
£ 200,000

利物浦
£ 250,000

伯明翰
£ 206,000

牛津
£ 400,000

雷丁
£ 295,000

卡迪夫
£ 215,000

愛丁堡
£ 234,000

紐卡素
£ 150,000

列斯
£ 175,000

李斯特城
£ 170,000

劍橋
£ 400,000

倫敦
£ 500,000

布里斯托
£ 287,000

*數據為2020年樓價
資料來源：萊坊研究部

精明選對英國樓

供求平衡 利好樓價

在新冠肺炎疫情影響下，房屋庫存有所增長。英國各地的房屋庫存水平比2019年高出約15%。北部地區的房屋供應增長低於平均水平，這些地區的市場環境在前幾年較為強勁，房屋庫存供應充足。在倫敦，現有房屋庫存比2020年增加了約30%。更多合適的房屋供應為買家帶來更多選擇，亦能令樓市長遠健康發展，確保樓價持續平穩增長。整體而言，英國未來幾年的住宅供應量並沒有出現嚴重的「供過於求」情況。

圖表2.23 英國住宅供應充足

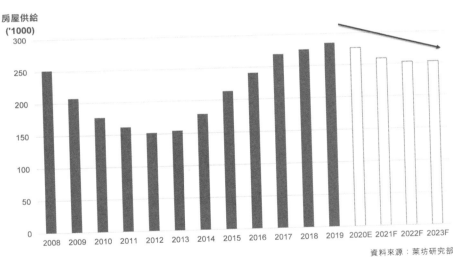

資料來源：萊坊研究部

趁息口低入市

不論是買樓自住還是投資出租,按揭貸款都是不可忽視的重要環節。按揭利率由金融機制所決定,但是當前影響英國按揭利率最大的因素,是英國政府的救市措施,以及疫情後的經濟情況。

但筆者認為,基礎利率在短期內也不大可能提升。至少在未來1至2年仍維持在「低息水平」。所以現時買英國樓,一定要做按揭,如有需要申請較高按揭比例,現在也是合適時機,反正「息口低」。

圖 2.24 英國按揭利率低

資料來源:萊坊研究部

英鎊走勢 影響投資回報

至於英鎊匯價已下跌超過20%，因此買英國住宅樓變得更具吸引力。有意買樓作投資的讀者，請多留意英鎊走勢，因為大部分香港人的收入或資產以港元或美元為主，英鎊匯率的變動極為影響房地產投資回報。

圖表2.25 英鎊兌主要貨幣走勢

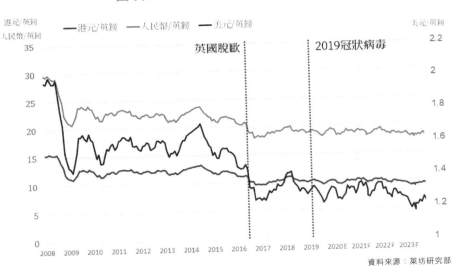

資料來源：萊坊研究部

一場疫情改變了我們的生活，不僅股票市場波動，利率亦會持續在低水平，當國際金融市場低迷或面臨不確定因素時，主要的國際性城市往往被視為資產的最佳避風港。相對股票與債券，香港人絕對精於買樓投資，在現時市況下，海外房地產具有逆市優勢，而英國樓也是避險投資中的一項較佳選擇。

2.3
兩大基建
領英格蘭中北部經濟起飛

新冠疫情令全球經濟萎縮，亟待重振，英國積極進行經濟復蘇計劃。據 BBC 報導，復蘇計劃的重點是增加基礎設施建設支出，將加快醫院、公路和學校建設，特別是英格蘭中部和北部重新修建條件較差的學校。此外，英國政府現正啟動的兩大計劃——高鐵2號線（HS2）和北部振興計劃（Northern Powerhouse），將會影響當地經濟發展、投資及房地產市場。

HS2鐵路貫穿英格蘭南北

HS2總長約530公里，目標是連接倫敦及英格蘭北部，貫穿英格蘭人口最密集的數大城市，打通英國南北經濟動脈。HS2計劃以Y字形路線貫通英格蘭四大經濟重鎮：第一階段為倫敦-伯明翰段、第二階段的西北線由伯明翰連接克魯（Crewe）、曼徹斯特和維根（Wigan），東北線途經東米德蘭（East Midlands）前往列斯。

圖表 2.31 HS2 路線圖

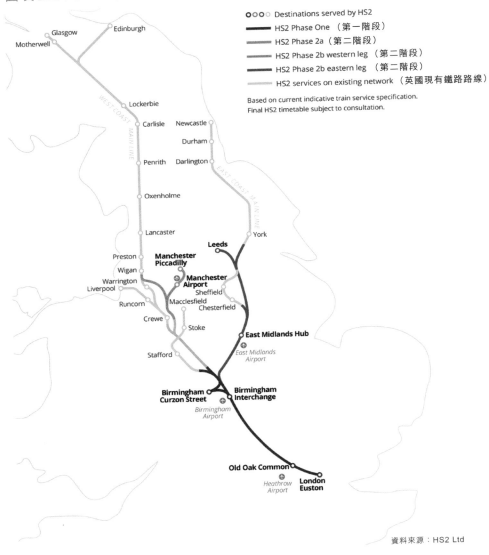

	Destinations served by HS2
	HS2 Phase One （第一階段）
	HS2 Phase 2a（第二階段）
	HS2 Phase 2b western leg （第二階段）
	HS2 Phase 2b eastern leg （第二階段）
	HS2 services on existing network （英國現有鐵路路線）

Based on current indicative train service specification.
Final HS2 timetable subject to consultation.

資料來源：HS2 Ltd

造價不斷攀升 料延期完工

HS2倫敦 - 伯明翰段預計將於2033年通車，屆時來往倫敦及伯明翰的時間將可由現時1小時21分鐘，降至52分鐘；第二階段則預計於2040年通車。但在英國興建高鐵，問題跟香港一樣，造價不斷攀升。在倫敦至伯明翰段中，從倫敦市中心向西北郊行駛的一段，由於避免拆遷地面物業及支付拆遷費，變相要興建貫通倫敦市中心地下的巨型隧道；部分路段亦需要移改河道，因此難度及成本實在極高，因此筆者估計完工日期將會推遲。

北部振興計劃建造超級經濟體

除了HS2外，保守黨卡梅倫政府於2014年提出北部振興計劃，旨在重振英格蘭北部傳統工業區經濟，以曼徹斯特、利物浦、列斯、錫菲爾等城市為核心，將英格蘭北部打造成近3000億英鎊的「超級經濟體」。至2019年約翰遜政府在大選中於北方取得突破，為計劃增添政治上的支持。

曼徹斯特媒體城創1.5萬職位

政府銳意將北部改造成創意工業城市，估計帶動25億英鎊的區域經濟成長。例如坐落於曼徹斯特索爾福德區(Salford)的英國媒體城(MediaCityUK)已吸引200多家企業進駐，包括英國廣播公司（BBC）的新總部。就業人口龐大，預計至2038年將會創造逾1.5萬個職位，吸引媒體及資訊科技界的年輕族群及白領階級進駐。

此外，在英國，高街（High Street）通常位於市中心區域，是城市的傳統購物及商業中心。經過多年歷史，部分城市的高街已今非昔比，尤其中北部城市，有重新定位及改造的必要。北部振興計劃亦打算加快對城鎮中心和高街商戶的投資，主要用於改善公園環境、改造商店和升級當地交通項目。

中北部樓價3年已升15%

HS2和北部振興計劃在疫情前已刺激中北部城市的樓價及租賃市場，樓價自2017年至2020年間已上升15%。筆者估計英國政府會在疫後將加快北部振興計劃的建設項目，未來發展重心亦會由倫敦轉移至英國北部，支撐未來數年北部樓價的增長，投資者可把目光放到倫敦以外的地方。

曼徹斯特作為西北地區的經濟領頭羊，地產價格未來仍有上升空間，與倫敦相比，曼徹斯特的樓價更易負擔，因此可吸引謹慎並希望分散投資組合的人士。而伯明翰作為英國人口第二多、倫敦以外企業集中度最高的城市，預計隨著與首都的交通網絡改善，租金及地產價格將繼續上升。

2.4
細看首都及近郊——
倫敦、雷丁

有了英國的文化及經濟概念，筆者再帶讀者細看每個地域的熱門城市，先看看英格蘭。

英格蘭佔地面積約13萬平方公里、位於大不列顛島的東南方，是英國面積最大，人口最多，經濟最發達的一個部分，主要的河流有泰晤士河（River Thames）、塞文河（River Severn）和特倫特河（River Trent）等，其中塞文河是英國最長的河流。

圖表2.41 英格蘭主要城市各有優勢

曼徹斯特
金融、數碼和創意媒體

利物浦
文化、藝術

伯明翰
服務、法務及金融業

牛津
著名大學城

雷丁
英國第二大科技中心

劍橋
著名大學城

倫敦
金融業

資料來源：萊坊研究部

英國城市之中，許多香港人或其他海外買家大多首選倫敦。倫敦為全英格蘭最大的城市，佔地面積約1,600平方公里。以氣候計，倫敦的四季溫差小，空氣濕潤，秋冬較為潮濕，不過冬天很少會結冰。倫敦的人口平均為 36.5 歲，在全英國大城市之中，屬排名第 6 的年輕人城市。擁有年輕活力和大量工作機會的倫敦，吸引了學生和年輕的專業人士。

倫敦是環球投資者的理想投資選擇。根據英國國家統計局的數據，倫敦樓價過去10年平均每年升幅約5%，在2020年的疫情下，包含倫敦及周圍的衛星城鎮所組成的大倫敦區（Greater London），其樓價按年仍升約1%。倫敦平均樓價約50萬英鎊（約520萬港元），已比香港上車盤動輒600至900萬港元平一截，而且面積更大，以50萬英鎊計，在倫敦可買到面積約450至750呎的公寓單位，視乎區域而定。

Zone 數字愈小樓價愈高

倫敦主要分為東西兩邊，西倫敦是白金漢宮所在地，屬英國權力中心，亦是高級住宅區和主要娛樂購物場所，如皮卡迪利廣場（Piccadilly Circus）、牛津街（Oxford Street）、攝政街（Regent Street）的所在地。

東倫敦靠近原倫敦港，移民比例較高，亦是全倫敦最貧窮的地區之一，一向予人治安不佳的感覺。但自2012年的奧運主場館，到近年金絲雀碼頭改建為金融區後，吸引人才進駐，形象提高，該區金融中心地位日漸成熟，加上租盤及租金承托力強，亦有利支持區內物業樓價及交投。

倫敦地鐵將整個倫敦，以同心圓由內至外劃分為9個區域（Zone），數字愈大代表愈遠離市中心。雖然初時只是為了釐訂交通票價，但現時投資者會以物業坐落的區域與樓價掛鈎，通常評估市中心的第1至6區，

也發現具有參考價值。倫敦的平均樓價約50萬英鎊,第1區(Zone 1)是市中心一帶的核心商業區,因供應量已極為稀缺,過去10年物業升值近七成,樓價亦是最貴,平均樓價約77萬英鎊;相比之下,遠離市中心的第5區(Zone 5),平均樓價約30萬英鎊,樓價僅為第1區的39%。

圖表2.42 倫敦地鐵分9區

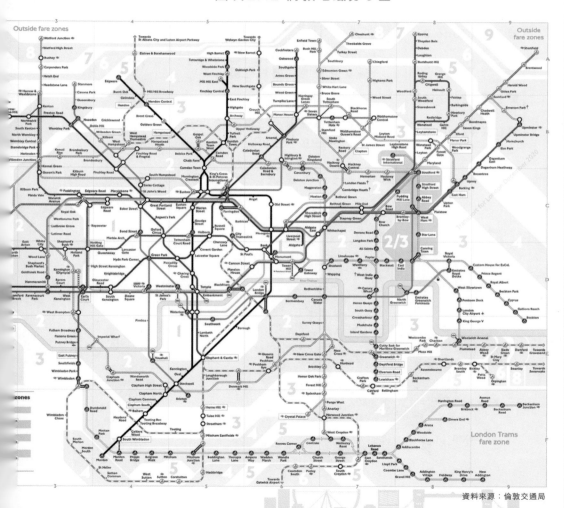

資料來源:倫敦交通局

圖表 2.43 倫敦市中心 6 區樓價（按地鐵分區）

地區	簡介	平均樓價（英鎊）
第1區（Zone 1）	核心區/商業中心區 （Central Business District）	77 萬
第2區（Zone 2）	「新金融城」，未來新發展區， 如金絲雀碼頭（Canary Wharf）	53 萬
第3區（Zone 3）	純住宅區，校網多選擇，區內覆蓋 範圍較大，部分地段屬舊社區	40 萬
第4區（Zone 4）	一般住宅區，覆蓋範圍較大， 留意部分地段屬舊社區	37 萬
第5區（Zone 5）	一般住宅區	30 萬
第6區（Zone 6）	倫敦希斯路機場、哈羅學校 （Harrow School）	25 萬

圖 2.44 倫敦分區樓價（按行政區）

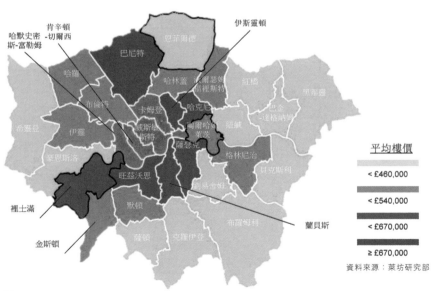

平均樓價

< £460,000
< £540,000
< £670,000
≥ £670,000

資料來源：萊坊研究部

巴特西發電站項目。

Zone 1最保值 核心區域重建

Zone 1是核心商業區，是最尊貴和最保值的地段，過去10年間的樓價升幅約70%，平均樓價約77萬英鎊，入場費相對較高。Zone 1經過多年發展，已經密不透風，難再覓地作大規模擴展，當中也有不少需要保育的歷史建築，重建時有很多限制，包括限制樓宇高度，有些樓宇又不能拆卸。

Zone 1 有不少市區重建發展項目，例如位於泰晤士河南岸巴特西區的地標建築巴特西發電站（Battersea Power Station）改造項目。巴特西發電站是二級保護建築，是倫敦一座退役的火力發電站，包括兩個獨立的發電站，已於1983年停止發電。

巴特西發電站改造項目佔地約17公頃，計劃改建成零碳排放、集商住零售於一身的發展項目，第一期預計於2021年落成。現時蘋果公司已租用了項目旗下約 50萬平方呎的寫字樓空間。項目將有超過250間商店、咖啡廳和餐廳，區內並將設有大會堂、社區中心、醫療中心、酒店和一個可以容納1,500人的活動場地。這項目亦有3座住宅大樓，提供開放式、一、二、三及四房單位、大排屋（Townhouse），以及頂層特色單位（Penthouse）。

克羅伊登市中心。

香港大孖沙插旗Zone 2

由於Zone 1的入場費相對高，現時許多投資者將目光轉至Zone 2及Zone 3，例如金絲雀碼頭值得保留的建築不多，重建彈性較高，基建配套亦比Zone 1為佳。

香港「大孖沙」早已看中倫敦樓市的潛力，紛紛插旗Zone 2，當中包括多個樓盤，例如長實的「英國版太古城」Convoys Wharf、新地郭氏家族持有的Goodluck Hope和Millharbour Quarter，以及新世界家族的發展項目Greenwich Peninsula。由住宅到寫字樓及其他商業項目，「大孖沙」及中資企業已在倫敦投資數以百億港元。

Zone 5 克羅伊登崛起

讀者亦可考慮位於倫敦南部市郊、Zone 5的克羅伊登（Croydon），屬入場費低、性價比高的地區，適合預算有限的人士。該區屬舊城市中心區，並非傳統置業首選。

不過在倫敦市政府的規劃中，克羅伊登被列為大倫敦其中一個將提供大量辦公室土地的地區，現時美國運通、美亞保險（AIG）、蘇黎世保險、蘇格蘭皇家銀行（RBS）等金融公司均在當地設立辦公室。此外，克羅

伊登的商舖面積在大倫敦地區排行第二,僅次全英國最大購物區西區(West End),發展潛力甚高。

由於克羅伊登以前主要為中下階層的住宅區,區域形象令其住宅售價比倫敦整體水平低約30%,平均樓價約30萬英鎊,所以是低門檻的選擇。

倫敦通勤帶機遇

另外值得注意的是,在新冠肺炎影響下,不少企業都安排員工在家工作,更讓創科界深深體會遙距運作的可行性,Twitter、Coinbase及Shopify等大型公司甚至相繼宣佈讓員工自行決定是否長期實行在家工作。這種新趨勢的工作模式,可讓企業專才根據需求,搬離原本昂貴租金的CBD地段。而對年長一輩的居民來說,他們渴望擁有更多空間,因此許多人都搬到倫敦周邊地區。筆者推測,倫敦房地產市場未來會因租戶的構成和需求而改變,傳統CBD以外區域的物業需求或會有明顯上漲趨勢,投資者要注意這一點。

愈來愈多的倫敦人開始選擇搬離倫敦市中心,除了克羅伊登外,也會選擇遷到倫敦通勤帶(London Commuter Belt)內的城市。倫敦通勤帶是一個大都會區(London Metropolitan Area),包括倫敦及倫敦附近擁有眾多通勤至倫敦人口的衛星城,概念就像「一小時生活圈」,由於英國鐵路網相當完善,從很多地方乘坐火車到倫敦都只需要一小時,犧牲部分通勤時間,卻可換來更大和更舒適空間,因此吸引不少人移居至通勤時間不超過一小時的地區,其中比較受歡迎的包括雷丁(Reading)及牛津(Oxford)。

雷丁市內有不少河流。

雷丁 —— 英國矽谷

香港人未必熟悉雷丁，但這個位於倫敦西部的小城市，是現時英國第二大的科技中心，曾被英國媒體選為英國最佳的工作及生活地區，其所處泰晤士河谷區被稱為「英國的矽谷」。當地經濟持續向上升，平均年薪53,255英鎊，屬高收入城鎮，強勁的就業機會和人口不斷擴大，令投資者對這座小城市的關注漸多。雖然雷丁市中心的設計及配套不算頂級，但周邊有許多博物館、公園和優美的郊區，亦有很多喬治和維多利亞時代的老建築。

雷丁受惠M4科技帶（連接倫敦至英國西部的M4高速公路）的帶動，前往倫敦市區及希斯路機場均非常方便，故吸引不少國內外的金融商業企業和高新科技企業進駐。安永、羅兵咸永道、德勤和畢馬威四大會計師行，以及微軟、甲骨文、華為、富士通（Fujitsu）、惠普（HP）均在雷丁成立據點，英國保誠保險在雷丁設立大型行政中心，荷蘭國際集團（ING Direct）、Yell集團和天然氣BG集團更於雷丁建立公司總部。

當地居民的教育水平高，大都擁有高學歷或專科資格，對於生活品質自然有所追求，從而帶動零售業，亦刺激住宅市場健康發展。

伊利莎伯線終點站 直達倫敦核心

雷丁交通網絡四通八達，除了M4高速公路前往倫敦，也可乘坐火車。由雷丁火車站出發，最快25分鐘就可直達倫敦西敏區的柏靈頓（Paddington）站，而從西雷丁火車站（Reading West）出發，則需約40分鐘，之後就可以轉乘倫敦地鐵去市內其他地區。

以雷丁為終點站的橫貫鐵路（Crossrail）伊利莎伯線（Elizabeth Line），預計於2022年完工，開通後，由雷丁站到希斯路機場預計只需40分鐘，到倫敦購物天堂邦德街（Bond Street）僅需55分鐘，到東倫敦的金融中心金絲雀碼頭需要67分鐘。

圖2.44 伊利莎伯線路線圖

源：Crossrail

雷丁擁有多所優秀的中學，其中The Abbey School（女校）及Reading Blue Coat School（男校，中六起接受女生入讀）更是在英國高考GCSE（英國普通初級中學畢業文憑考試）中排名約全英國前100。

另外，在《學校指南》（The Good Schools Guide）的簡介中，雷丁的語文學校（Grammar School）Kendrick School（女校）和Reading School（男校）在英國東南部更是排名最好之一。

公寓30萬英鎊入場

根據英國土地註冊署數據顯示，雷丁的整體住宅平均樓價約29.5萬英鎊，近10年升值約65%。預期至2023年，雷丁住宅價格平均每年升幅約2.5%。雷丁樓價對比香港樓價，算是非常便宜，一手一房單位約30萬英鎊，兩房約40萬英鎊，呎價約450至550英鎊。至於遠離市中心的排屋或獨立屋，入場費50萬英鎊起，但二手樓質素參差，選擇時宜小心。

雷丁市內有許多河流，近年落成的新住宅項目多位於河畔附近，若在倫敦上班，在雷丁的新河畔住宅區居住，可將通勤時間控制在1小時內，但可享有較清幽的居住環境，生活質素亦較倫敦市中心高。

總括而言，雷丁是倫敦近郊的一個衛星城，也是重要交通樞紐，在英國屬於經濟高增長的城市，加上優良校網，樓價前景不俗。

2.5
細看潛力城市——
伯明翰、曼城、利物浦

倫敦以外，伯明翰（Birmingham）、曼徹斯特（Manchester）和利物浦（Liverpool）都是港人較熟悉的城市，這三個城市正如火如荼地進行著大型基建計劃和市內重建項目，它們的經濟發展料將一日千里，筆者再和大家看看這些城市的矚目之處。

伯明翰 兩大基建激活經濟

伯明翰面積約268 平方公里，這個城市位於英國的「4小時通勤圈」，即在4小時內可通往九成英國各大城市。伯明翰是英國經濟實力排名第二的城市，也是倫敦之後，全英最大的法務和金融中心，當地的製造業、零售、休閒旅遊、建築和創新數碼業也是支柱行業，反映該城市的產業多樣性。當英國企業考慮外遷時，伯明翰被視為優先的選擇，例如當英國監管機構要求匯豐銀行（HSBC）分離其零售和投資銀行業務時，匯豐隨即將其全國零售銀行總部遷至伯明翰。

伯明翰現時人口約 120 萬，45% 的人口在 30 歲以下，是歐洲最年輕的城市之一，根據《英國泰晤士報》，伯明翰是倫敦以外最有活力的創業城市，每年約有近萬間新企業成立，創業數量近年增加了 30%。她也是一座正在轉型的城市，預計 2018 至 2028 年間，伯明翰生產總值（Gross Value Added，為計算 GDP 的其中一項指標）增長將達 25%。此外，該城市的基建及重建計劃預計會帶領未來經濟繼續增長。

圖表 2.51 大城市計劃概念圖

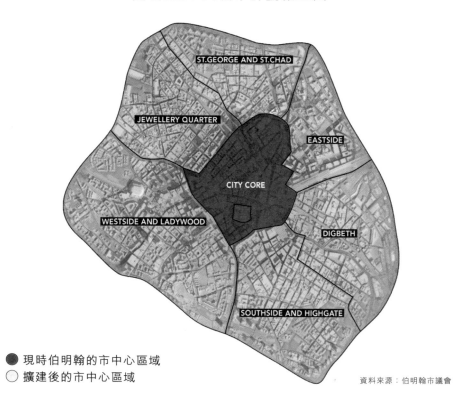

● 現時伯明翰的市中心區域
○ 擴建後的市中心區域

資料來源：伯明翰市議會

市中心擴大10倍

伯明翰從前是英國的「後勤部門」，不過隨著近年積極重建轉型，城市更具吸引力。伯明翰未來的第一支柱是地方議會的「大城市規劃」（Big City Plan），這是一項為期20年的市中心轉型總規劃，項目於2010年已經開始動工，預計2030年完成，目標是把伯明翰原有0.8平方公里的市中心地帶擴大10倍，主要發展項目包括史密斯菲爾德（Smithfield）的市區改造規劃和伯明翰天堂（Paradise Birmingham），當中史密斯菲爾德將打造成獨特的地區，計劃提供1,000個住宅單位，10萬平方米的建築面積和3,000個新的就業崗位。

整個大城市規劃預料能創造150萬平方米的辦公空間、5萬個工作職位、5,000個新建的市中心住宅單位，另會有6.5萬平方米的新或已改善的公共空間，以及28公里的步行和單車徑。

經過近年的發展，伯明翰的中央商務區已漸見雛形，如Colmore Business District、Snowhill及Brindley Place吸引了畢馬威（KPMG）、巴克萊銀行（Barclays）、德意志銀行（Deutsche Bank）等多個知名跨國企業相繼進駐。

HS2鞏固交通樞紐地位

伯明翰投資計劃的第二大支柱是HS2，該高鐵網絡將使倫敦、曼徹斯特和列斯之間的聯繫更加緊密，首階段將接連倫敦，車程大大縮短至49分鐘，從而為經濟帶來一個巨大的增長。HS2在伯明翰會設有兩個全新車站，一個位於伯明翰市中心的卡爾森街（Curzon Street Station），另一個是鄰近伯明翰機場的轉車站（Birmingham Interchange Station）。高鐵效應亦成為資金流入的催化劑，通車後勢必激活伯明翰的商業發展。

前景亮麗 吸引投資者

伯明翰有5所頂尖大學，包括伯明翰大學（University of Birmingham）、伯明翰城市大學（Birmingham City University）、阿斯頓大學（Aston University）、伯明翰大學學院（University College Birmingham）、紐曼大學（Newman University）的學生，所以大學附近的房屋租金不俗，租金回報率通常可達5%。這亦吸引企業落戶以招攬人才，隨著愈來愈多跨國企業陸續進駐，伯明翰的人口預料將增長約14%，至2030年將達到140萬人口，帶來房屋需求。

在倫敦，約65%的當地買家都是買樓自住，但在伯明翰的置業者中，只有約25%是自用，這也反映出投資者對伯明翰前景的預期。根據數據，伯明翰的樓價在過去5年共增長約30%，但伯明翰的平均樓價仍是倫敦平均樓價的一半。

伯明翰的黃金地段是埃格卑斯頓（Edgbaston），擁有全伯明翰樓價最高的五條街道。此外，多個倫敦著名發展商近年都選擇進駐伯明翰，如St. Joseph Homes投資的Snow Hill Wharf、來自澳洲的大型發展商Lendlease便與伯明翰市政府共同開發市中心的史密斯菲爾德綜合發展區，正好表示他們同樣看好當地中長線的經濟及樓市。

曼徹斯特 英格蘭西北最矚目城市

香港人最熟悉曼徹斯特的，可能是坐落於該城市的兩大英超足球會——曼聯（Manchester United FC）及曼城（Manchester City FC）。曼徹斯特是英國發展最快的城市，同時也被《經濟學人》（The Economist）評定為「英國最宜居城市」。

曼徹斯特位於英格蘭西北部，是英格蘭主要的工業中心和商品集散中心。城市經濟體系成熟，交通網絡發達，有著英國最大的區域性機場，被譽為英格蘭西北地區最具前瞻性和活力的城市。英國政府近年大力推行北部振興計劃，成為曼徹斯特的未來增長動力，這項目涉及多個範疇，包括提升市內鐵路系統（Metrolink），增設更多線路及車站，並打造新機場及高鐵項目（HS2），屆時由曼徹斯特前往倫敦的車程，將由2小時縮短至1小時。計畫同時改善市內基建，如發展未來英國媒體及創意產業商業區，包括英國電視台（BBC）新總部。

HS2將成為曼徹斯特市經濟增長的一部分，特別是卡迪利車站的重建項目，預計將創造 4 萬個全新的就業機會和 13,000 個新建住宅。曼徹斯特將成為連接倫敦和北部地區高鐵路線的重要一部分，其重要性將比以前更大。

圖表 2.52 曼徹斯特中心區

號碼	物業
1	Windmill Green 24 Mount Street, M2 5PD
2	No8 First Street, M1 5DD
3	Hanover Buildings, NOMA
4	125 Deansgate, M3 2LH
5	2 New Bailey
6	The Landmark, Oxford Road
7	11 York Street
8	2 & 4 The Green, Circle Square (former BBC site)
9	Brazennose House
10	100 Embankment

資料來源：萊坊研究部

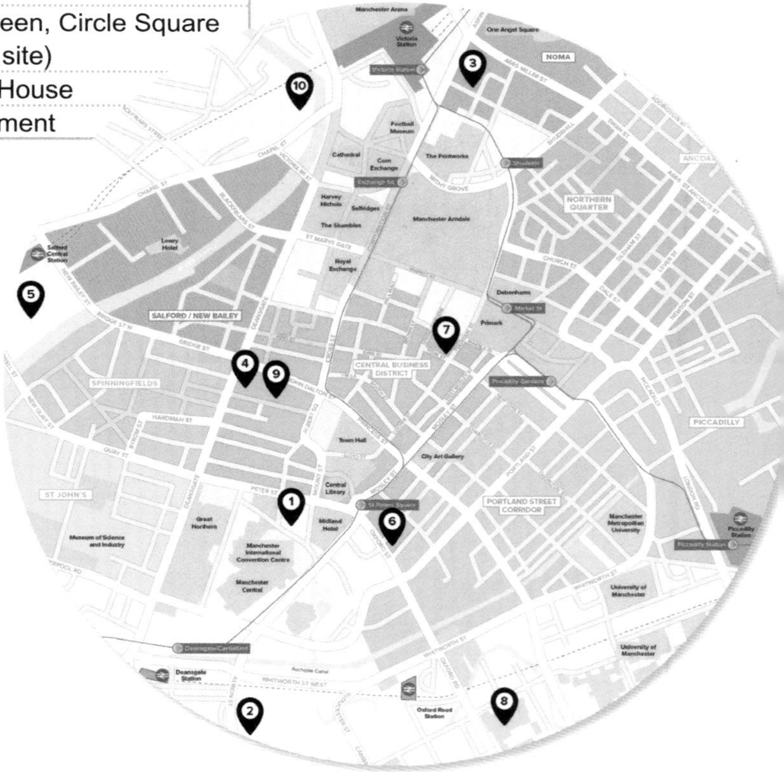

租金回報率約6%

即使在新冠肺炎影響下，筆者仍看好曼徹斯特樓價前景，估計未來5年樓價仍會有增長。曼徹斯特擁有兩所主要大學，包括百年名牌老校曼徹斯特大學（University of Manchester）和曼徹斯特都會大學（Manchester Metropolitan University），前者是全英國其中一個最大的全日制大學，對租賃市場有支持。

曼徹斯特於2020年的平均樓價約20萬英鎊，公寓平均樓價約18萬英鎊、排屋平均價格約16萬英鎊。由於當地的人口持續大幅上升，愈來愈多人遷移到當地工作，不但促進該區的經濟活動，同時支持了該區樓價及租賃市場的需求。所以曼城的住宅租金回報率相當高，大多有5.5%至6%，而出租率高，出租物業的空置率只有約5%。因此，曼徹斯特被視為英國最佳買樓放租（Buy-to-Let）地區之一。

曼徹斯特樓價平均比倫敦便宜約40%至60%，入場門檻較低。參考香港樓市經驗，過去幾年新界樓及細價樓升幅跑贏大市，在供應少、需求大、銀碼細，以及受惠印花稅情況下，曼徹斯特房地產市場升值潛力可以看高一線。

利物浦 港口城市大翻新

部分男士可能鍾情英超球會利物浦（Liverpool FC），也可能曾到訪或考慮到其主場晏菲路球場（Anfield）朝聖，其實愛華頓（Everton FC）亦在利物浦市內。除了球會知名外，這個位於英格蘭西北部的港口城市亦曾經是英國最大的經濟圈之一，19世紀時，利物浦的財富總額曾經超過倫敦，從20世紀末開始復蘇，現時又迎來了北部振興計劃，相信該城市可以從基建發展中受惠，對當地經濟及樓市起到提振作用。

利物浦昔日是港口城市，現時產業多元發展，以服務業和旅遊業為主。利物浦是英國其中一個大型城市經濟體，就生產力而言，它也是增長最快的城市之一，增長幅度比全國平均值高，其投資前景仍然十分樂觀。

利物浦的主要大學包括利物浦大學（University of Liverpool）及利物浦約翰摩爾大學（Liverpool John Moores University）。

圖2.53 利物浦地圖

Fazakerley

Warbreck

County

Clubmoor

Norris Green

Croxteth

Kirkdale

Anfield

West Derby

Yew Tree

Tuebrook and Stoneycroft

Everton

Kensington and Fairfield

Old Swan

Knotty Ash

Central

Picton

Riverside

Princes Park

Wavertree

Childwall

Belle Vale

Greenbank

Church

Woolton

Michael's

St

Mossley Hill

Cressington

Allerton and Hunts Cross

Speke-Garston

默西河

● 晏菲路球場
● 利物浦約翰摩爾大學
● 利物浦火車站（Liverpool Lime Street Station）
● 王子郵輪碼頭
○ 利物浦大學

資料來源：Geopunk

利物浦北部碼頭區域將進行一個為期30年的戰略發展計劃,改建成高品質的海濱、住宅、商業和休閒的綜合空間。

重建利物浦

除了受惠於北部振興計劃,這個有逾800年歷史的城市正進行大型城市改造計劃「重建利物浦」(Regenerating Liverpool),包含數個主要重建項目:

● 晏菲路項目(Anfield Project):計劃斥資2.6億英鎊,除了擴建利物浦主場晏菲路球場外,亦會重建及翻新附近地區,預計興建1,000個新房屋。

● 利物浦水域項目(Liverpool Waters):利物浦的港口業和製造業已經不復往日,當地政府進行一個為期30年的戰略發展計劃,投資額料超過55億英鎊,目的是將約60公頃(約84個標準足球場)的利物浦北部碼頭區域,改建成高品質的海濱、住宅、商業和休閒的綜合空間。

而王子郵輪碼頭(Princes Dock Cruise Terminal)屬利物浦水域項目的其中一個新發展計劃,包括在默西河(Mersey)興建一個標誌性的新遊輪碼頭,以及出入境管制、交通、酒店等配套。

完善交通樞紐

利物浦本身設有完善的交通樞紐,通往曼徹斯特的鐵路(Liverpool and Manchester Railway)建於十九世紀,為全球首座跨城市的鐵路,發展至今已成為中英格蘭的主要鐵路。往西約1小時即可抵達曼徹斯特與錫菲爾、往北約2小時可至列斯及約克(York)、往南約3小時可至直達倫敦。預計HS2開通後,來往倫敦的時間更可縮短至90分鐘,有望吸引更多勞動人口。

排屋多公寓少

利物浦市內的大部分住宅是排屋(Terraced House),其次為半獨立屋(Semi-detached House),公寓的比例不高。而利物浦房地產市場入場門檻較低,約25萬英鎊起,但同時有著吸引租務回報(約4%至5%)。

對英國人而言,利物浦的文化城市具吸引力,生活成本亦較倫敦低,故不少人會到利物浦置業。儘管2019及2020年利物浦的樓價增長速度有所放緩,但憑藉未來可期的發展及不斷增長的租賃需求,這座城市仍然是英格蘭北部受歡迎的投資目的地,長線可帶動市中心的樓價穩定上升。

2.6
細看大學城——
牛津、劍橋

英國教育享負盛名，當中牛津大學（University of Oxford）和劍橋大學（University of Cambridge）歷史悠久，每年吸引不少學生到這兩間世界一流學府入讀，帶動整個城市的活力，筆者會在這節與讀者分享這兩個城市的概況。

牛津 全英最佳收租城市

牛津為全球知名的大學城，堪稱文學、藝術、歷史的發源地之一。牛津大學的各學院分佈於城市各處，使牛津延伸成為一座大學城。如以平均租金、過去10年租金回報率、過去10年樓價升幅、空置率及租客佔整體人口比例等作置業收租的指標，在全英國25個主要城市中，牛津的樓價每年平均上升近5%，租金回報率4%至4.5%，排名第一。

市內30%人口為租客

牛津本身是大學城，有不少留學生在此居住，所以市內近30%人口是租客，住宅空置率亦極低，約3%。牛津的平均租金亦高於全英國水平，平均月租近600英鎊。而人口持續增加，加上當地僱主提供的工作職位多於當地勞動人口，這些都是優勢。

同時，牛津市內有許多歷史建築物（Listed Buildings），逾600座的學院典雅建築皆位列文物維護計劃，包括大學教學樓及宿舍等。該城市的令可供規劃興建住宅的土地有限，令當地出現住宅供應不足，而環保及建築物保護亦是支持牛津樓價的因素。

住宅供應不足 樓價高企

在倫敦以外，牛津是英國樓價最貴的地區之一。在2020年，牛津的平均樓價約40萬英鎊。一手公寓價格35萬英鎊起、三房獨立或半獨立屋，價格50萬至80萬英鎊。

圖表 2.61 牛津樓價分布

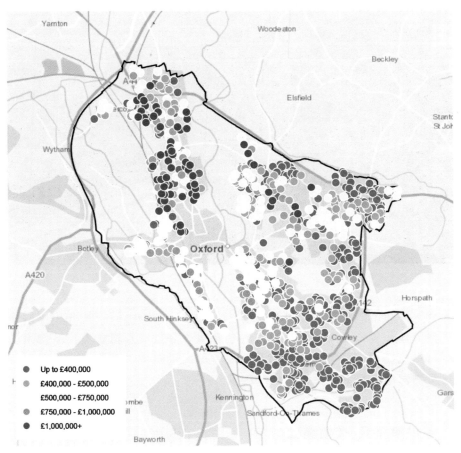

資料來源：萊坊

劍橋 大學區、科技園受注目

劍橋位於英國東部，相信許多人一談及劍橋，就會想起中國近代詩人徐志摩膾炙人口的新詩《再別康橋》。劍橋是一個很有魅力的城市，市內的歷史性莊麗建築、中世紀古老街道、美麗的綠地，有著古羅馬人與維京人留下的痕跡。

從房地產投資角度而言，英國南部「倫敦、劍橋、牛津」被稱為「科教文化三角」，而劍橋這大城，過去10年來樓價增幅更超出倫敦和牛津，令劍橋的房地產更具吸引力。

市民多用單車代步

英國著名的康河（River Cam）橫越整座城市，市內興建許多道路交通建設，其鐵路、公車均十分發達。搭乘火車約50分鐘可直達倫敦國王十字車站（King's Cross）。市區內同時規劃許多自行車專用道，約有半數的居民使用自行車為其代步交通工具，是一座「低碳城市」。

現今劍橋是大學城外，同時是高科技產業/技術的中心，專注於電子產業、軟體產業、生物科技/科學的研發，其中劍橋科學園區（Cambridge Science Parks）為歐洲區最具規模的商業研發中心、另外劍橋生醫園區（Cambridge Biomedical Campus）則為世界上最具規模的生醫研究中心之一。

劍橋依託著劍橋大學，聚集了很多高科技產業、軟體、研發、製藥、生物技術等。在這些高技術產業的支撐下，劍橋亦成為了英國經濟增長最快的區域之一。劍橋的就業市場非常好，失業率很低，反映在對寫字樓空間及住宅的需求非常大。

近年投資者主要看重大學區及科技園區，大學區房其實遍佈整個劍橋市區，而科技園則位於劍橋米爾頓附近。對香港或華人投資者而言，劍橋是全英國華人比例最高的地區、租客人口比例高、經濟增長快、劍橋科技園區的經濟發展成熟、就業人口多及對住宅需求大。

圖表 2.62 劍橋地圖

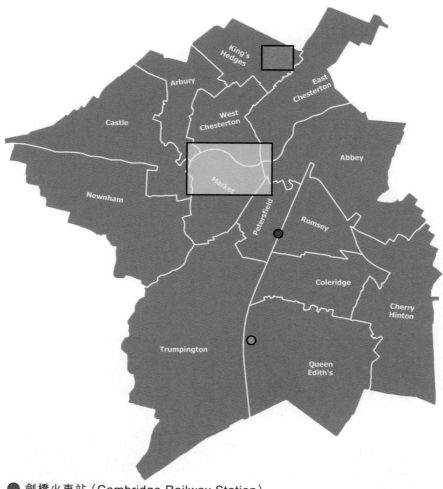

● 劍橋火車站（Cambridge Railway Station）
● 劍橋科學園（Cambridge Science Park）
○ 劍橋大學主要學院位置
● 劍橋生物醫學園區

資料來源：Geopunk

精明選對英國樓

2.7
細看宜居城市——
列斯、布里斯托

列斯（Leeds）和布里斯托（Bristol），是分別位於英格蘭北部和西南部的小城市。這兩座城市面積雖小，人口不多，同屬高增長的綠化城市，環境優美，是適合居住的置業地區。

列斯 歐洲最佳綠化城市之一

列斯位於英格蘭北部，是西約克郡的城市，面積約552平方公里。城市總人口約83萬，自90年代至今，該城市的人口增長超過一倍，僅次於曼徹斯特。

列斯擁有豐富的工業遺產，從倫敦以外的高等教育機構最集中的地方，持續供應頂尖人才，意味著企業紛紛湧向這座城市。

列斯是目前全英國主要的金融商業、服裝工業、傳媒及法律中心，同時也是英國國內增長最快的經濟中心之一。亦是英國私營公司就業增長最快的地區，也是英國吸引許多外國直接投資資金。因此預計列斯的經濟在未來十年內將增長20%，其中超過一半的增長來自金融和商業服務。

2.5小時火車直達倫敦

列斯有兩條鐵路線直通倫敦，每隔半小時就有一趟火車直達倫敦國王十字火車站，需時約2.5小時。大型鐵路網絡包括到曼徹斯特（約1小時）、利物浦（約1.5小時）、伯明翰（約2小時）等城市的直達火車。列斯的火車站是英格蘭北部最繁忙的火車站，目前正在進行升級工程，該工程預計在2033年完成。

另外列斯的公園、高爾夫球場和綠化帶約佔全市總面積的三分之二，三大國家級公園環繞城市，節能減排示範城市，是歐洲最佳綠化城市之一，這也是這城市的其中一個吸引之處。

現時列斯的平均樓價約17.5萬英鎊。一手公寓價格15萬英鎊起，三房獨立或半獨立屋，價格30萬英鎊至60萬英鎊。

布里斯托 強勁增長城市之一

布里斯托位於英格蘭西南部，是一個靠海的小城市，佔地面積約 110 平方公里，有着極佳的地理位置，風景如畫卻又與外界聯繫密切。根據英國《星期日泰晤士報》（The Sunday Times）的調查，布里斯托是英國其中一個最宜居城市。

歷史悠久的布里斯托是劇場、藝術的文化中心，這裡有許多歷史建築、美麗的海港、連綿起伏的丘陵和田園風光。由於其快速的經濟和人口的增長而被列為英國前5位的經濟增長中心。在英國的強勁可持續增長城市中排名第4。

聚焦高科技產業

布里斯托的產業大多屬於高科技創新型產業。該市的產業結構亦正向金融業、保險業、服務業和高科技產業轉變。布里斯托是一批跨國公司的歐洲總部所在地，許多高科技公司如惠普、意法半導體都在當地投資設廠，電信業尤其發達。

布里斯托有2所主要高等教育學府，包括布里斯托大學（University of Bristol）及以及西英格蘭大學（University of the West of England）。

現時布里斯托的平均樓價約28.7萬英鎊，一手公寓價格20萬英鎊起，而三房獨立或半獨立屋的售價介乎35萬英鎊至50萬英鎊。

2.8
細看未來城市——
愛丁堡、格拉斯哥

以格子花紋、風笛音樂、畜牧業與威士忌而聞名的蘇格蘭，位於英格蘭以北，佔地面積約7.8萬平方公里，有近800個島嶼，海岸線總長3,700公里。蘇格蘭可分為兩個區域，分別是北部和西部的蘇格蘭高地，高峻曲折，多峽灣；以及南部和東部的蘇格蘭低地，地形平緩，大多數人口居住於此。

蘇格蘭的天然資源豐富，主要包括煤、鐵、鋅，對20世紀初該地區的工業發展有著重大貢獻。能源至今仍然是蘇格蘭經濟中的重要部分，因為蘇格蘭是歐盟最大的石油生產國。不過，工業和礦業在蘇格蘭經濟中的重要性逐漸下降，金融服務及創新產業正成為最大的產業。其首府愛丁堡（Edinburgh）和最大城市格拉斯哥（Glasgow）分別轉型升級至金融中心及科技中心，帶動未來經濟發展。

「風城」愛丁堡 專業人士聚居之地

蘇格蘭的首府位於愛丁堡,最大的城市則是格拉斯哥。愛丁堡是蘇格蘭司法、金融和行政中心,亦是主要的經濟中心及交通樞紐,是在科學、商業、教育和藝術方面均具有影響力的城市。曾被《金融時報》評為「歐洲未來最佳中型城市」和「最佳對外直接投資策略(中型城市)」。

歐洲最大金融中心之一

由於背靠山區而常常颳風,因此愛丁堡有著英國「風城」之譽。作為歐洲最大金融中心之一的愛丁堡,不僅有著深厚的經濟基礎,也有著大量的專業人才,擁有學位和專業證書的員工比率是全英最高。過去5年愛丁堡經濟增長及就業人口比例均高於英國其他城市,從事高技術工種的比例亦很多,例如金融、保險業等,這些產業佔愛丁堡經濟總量的20%。

愛丁堡市內亦有許多著名高等學府,如愛丁堡大學(University of Edinburgh)及瑪格麗特皇后(Queen Margaret University)。

現時愛丁堡的平均樓價約23.4萬英鎊。一手公寓價格20萬英鎊起。三房獨立或半獨立屋,價格25萬英鎊至40萬英鎊。現時樓價仍然處於低水,但有分析指出,穩定的經濟前景將支撐起愛丁堡的樓市,當地的樓價將在未來5年內有機會超過全英國平均。

格拉斯哥 培育高增長產業

格拉斯哥佔地面積約 175 平方公里，總人口約 63 萬。格拉斯哥是蘇格蘭第一個建立自己的創新區以培育高增長產業的城市。

格拉斯哥被認為是優越的地段，HS2 第二階段預計將於2040年投入服務，為英國北部地區和倫敦各城市提供了更便捷的交通方式，往返格拉斯哥至倫敦的車程料縮減至3小時。

格拉斯哥被認為是愛丁堡的友好姊妹城市，其工作人口在不斷增長。格拉斯哥現在擁有30%的蘇格蘭公司數目，並提供了蘇格蘭的三分之一就業機會。其經濟蓬勃發展，按消費總額比較，格拉斯哥是零售市場的主要目的地，僅次於英國的倫敦西區。

河畔創新區引入巴克萊銀行

目前市正在建立格拉斯哥河畔創新區（Glasgow City Innovation District），這個計劃正在以巴克萊銀行（Barclays）為主要租戶和蘇格蘭先進製造業創新區（Advanced Manufacturing Innovation District Scotland）合作開發格拉斯哥創新區。

市內亦有許多著名高等學府，如格拉斯哥大學（University of Glasgow）及蘇格蘭皇家音樂學院（The Royal Conservatoire of Scotland）。

現時格拉斯哥的平均樓價約12.5萬英鎊。一手公寓價格10萬英鎊起。三房獨立或半獨立屋，價格20萬英鎊至30萬英鎊。

2.9
細看沿海城市——
卡迪夫、貝爾法斯特

在英格蘭以外,威爾斯(Wales)及北愛爾蘭(Northern Ireland)亦是適合置業的地點。兩個地區的首府—卡迪夫(Cardiff)和貝爾法斯特(Belfast)雖然都是沿海城市,不過特色大相逕庭。

卡迪夫 威爾斯慢活城市

威爾斯佔地面積約2.1萬平方公里,由半島和近海島嶼組成,威爾斯東面與英格蘭為邊界,另外三面環海,擁有超過1,200公里長的海岸線。威爾斯是多山地形,主要分布在三個區域。西北的斯諾登尼亞地區(於1951年被指定為國家公園)、威爾斯中部的坎布里安山脈、南部的布雷肯。威爾斯山區是過去的冰河時期所形成的特殊地形。英國最長的河流塞文河源自威爾斯的坎布里安山脈。斯諾登尼亞地區擁有最高峰,為海拔1,085米的斯諾登山。而氣候相對溫濕及多雨。

威爾斯的首府位於卡迪夫,佔地面積約140平方公里,比倫敦小10倍。距離倫敦約3小時車程,雖然只是人口

約52萬的小城市，市內沒有地鐵，生活節奏較慢，有大量綠色休憩空間，距離海灘和山區均不遠，卡迪夫灣、城堡、酒吧為主要娛樂。而近年當地掀起了一股創業熱潮，加上政府政策的支持，令城市變得年輕有活力和積極。

商業投資逐步上升

當地生活成本、企業營運成本相對較低，引入不少企業進駐，近年卡迪夫的經濟發展有改善，商業投資額正逐步提升，去年商業投資額中有近80%投資在寫字樓，亦有32%屬於海外投資。牛津經濟研究院（Oxford Economics）的研究指出，預計到2030年，卡迪夫會增加近3萬個新職位，這為住宅租賃及樓價提供支持。

卡迪夫有約三分之一勞動人口，每日從郊區到市區上班，主要是喜歡郊區的寧靜及生活空間較大，郊區的樓價比市區低約20%。另外加上英國鐵路公司更換連接倫敦及卡迪夫的火車，車程將縮短至105分鐘。而連接英格蘭西部和威爾斯南部的塞文橋（Severn Bridge）取消收費後，令威爾斯及英格蘭的交通更加便利。

以上種種因素，帶動卡迪夫的樓價按年增長約3%，雖然升幅較大，但以當地人平均年薪約2.7 萬英鎊為計，仍能負擔。現時卡迪夫的平均樓價約21.5 萬英鎊。一 手公寓價格15 萬英鎊起，三房獨立或半獨立屋，價格30萬至45 萬英鎊。

貝爾法斯特 樓價僅倫敦 1/3

北愛爾蘭佔地面積約1.4萬平方公里，屬溫和的溫帶海洋性氣候，四季並不分明，而西部比東部潮濕。三分之一的北愛人口居住於首府貝爾法斯特（Belfast），該城市面積不大，佔地約 115 平方公里，總人口約63萬。年長的讀者或許記得80年代政治動蕩的北愛爾蘭，在短短20年，貝爾法斯特就從戰區搖身一變成為科技中心。由於貝爾法斯特的生活成本較低，吸引不少跨國公司駐扎於此，其中包括美國保險公司全州保險（Allstate）、羅兵咸永道和德勤等專業服務公司，勞動人口紛至沓來。

貝爾法斯特市中心的鐵達尼區（Titanic Quarter）和大教堂區（Cathedral Quarter）周圍有很多公寓，吸引外籍人士聚居。

女王大學多亞洲留學生

大學區同樣很受歡迎，由於女王大學（Queen's University Belfast）吸引了世界各地的學生，尤其是來自亞洲的學生，令該區成為當地種族最多樣化的區域之一，亦為該區帶來住屋需求。

現時貝爾法斯特的平均樓價約 14.5 萬英鎊。一手公寓價格 10 萬英鎊起，三房獨立或半獨立屋，價格 20 萬至 40 萬英鎊，價錢只是倫敦的三分之一。

第
3
章

在英國買樓？
還是買屋？

3.1
九大物業類型及特色

香港的房屋類型不多，主要屬二次世界大戰後的建築，以「唐樓」、高層住宅、低密度或獨立式洋房及村屋為主。英國的房屋則有許多類型，筆者在此章主要介紹在英國可購入的主要房屋類型。

公寓 單身族、小家庭之選

在英國城市市區中，公寓（Flat / Apartment）是供應最多的房屋類型，由開放式單位至1、2、3、4房也有，在倫敦和伯明翰等大城市較受歡迎。近年市區尤其是近市中心的地段，愈來愈多的新樓是多層或高密度建築。根據筆者的數據，在2020年，英國公寓的平均樓價約20萬英鎊。如果是新樓，價錢一般會比舊樓貴20%以上。英國新樓一般會包新裝修，而且附有雪櫃、洗衣機、焗爐等基本設備，只須購買簡單家具即可入住。

公寓是單身人士、小家庭或「金融才俊」的理想選擇，因為與獨立式或半獨立式房屋相比，公寓的價格通常便宜得多。以投資角度而言，這類物業適合所有投資者，不論有或沒有投資海外樓經驗的均可考慮。

一般只有租賃業權 須交地租

不過要留意，公寓一般只有租賃業權（Leasehold），故需要定期繳交地租（Ground Rent）。筆者之後會在下節述說業權的概念。

另外在公寓居住，亦需要繳交物業管理費，跟香港一樣，大部分公寓的物業管理費是按單位面積計算。但千萬別以香港物業管理去衡量英國物業管理，許多英國的非豪宅項目並沒有「會所」、「游泳池」等設施，也不一定有每天巡樓的管理員及幫住客開門關門的有禮賓人員。

大排屋供應少 升值潛力高

大排屋（Townhouse）通常建於城市中的住宅區，一般每排至少有5棟房屋連在一起。大排屋多為3層高建築，佔地面積約1,200呎至1,600呎，但因為地塊通常呈長形，間隔「四正」，因此可利用空間比較大，室內面積一般都超過1,000呎。大排屋通常有2至4個睡房，另有客廳、飯廳及廚房等，部分大排屋更有花園及停車位。根據筆者的數據，現時英國大排屋的平均樓價約20萬英鎊。

從投資角度而言，大排屋適合所有投資者，但筆者建議選擇位於市區的大排屋，主要由於「地段、地段、地段」！這等於你在銅鑼灣或旺角買樓，無得輸！從出租、升值潛力及流動性去考慮，在市區或近市區的大排屋一定比較容易出租，而且市區大排屋的供應量通常不多，有一定的升值潛力，出售也是相對容易，因潛在買家較多。筆者不建議購買郊區的排屋，除非你十分熟悉該城市，或對該城市有感情。

樓高3層 須上落樓梯

以自住角度而言，因為大排屋通常為3層高，比一般排屋的室內空間會大一點，部分更有車位或後花園，而價錢亦比半獨立屋便宜。但其缺點亦是樓高3層，經常需要上下樓梯，如家庭中有老人家及小孩，則要較小心。

排屋 適合專業投資者

對筆者而言，排屋（Terraced House）是英國最典型和最具標誌性的房屋，是在城市中最常見的房屋類型之一。排屋自17世紀已出現在英格蘭，到19世紀則多是工人階層的居所，而排屋大多修築於維多利亞時期（1837至1901年）。很多地方的排屋都是舊樓，亦多只有二手，海外買家能買到的新盤很少。現時排屋仍是價格最相宜的房型。根據筆者的數據，現時英國排屋的平均樓價約17萬英鎊。

排屋的兩側是牆壁，這種屋型結構能夠節省土地空間及建築材料。排屋每排通常有10棟以上建築，每棟2至3層高。排屋面積約700呎至1,000呎，比大排屋的面積小，一般沒有花園，只有一個後院，而睡房一般有2至4個，亦有客廳、廚房等。由於排屋沒有私家車房，停車通常只能泊在屋前馬路邊上。

由於大部分排屋沒有前或後花園，左右兩旁亦有鄰居，私隱度低，房屋也沒有可擴展空間，亦沒有車房。雖然這類物業的優點是樓價較低，但筆者亦不建議買來自住。

租金回報率可逾6%

如果是只求投資回報的專業投資者，也可以考慮排屋，因為不用交管理費，地租及地方稅亦較便宜，所以租金回報率較高，一般可在6%以上。但要注意的是，二手排屋的管理及維修保養並不容易，樓宇結構（如裂縫）、天花板承托力、暖氣、水管或天花漏水等，都是常見問題。此外，許多城市的排屋主要租客是低下階層，亦容易遇上「租霸」。

獨立屋處市郊 享受寧靜空間

獨立屋（Detached House）是一棟具有獨立結構的建築物，沒有和其他房屋或建築物相連。一般為兩層高，通常由3房起，面積更大的，也會有5至6間房。獨立屋通常有前後花園，通常也有私人車房、私家車路或室外獨立儲藏屋，所以樓價相對比較昂貴，根據筆者的數據，現時英國獨立屋的平均樓價約35萬英鎊。

大部分獨立屋均位於城市市郊，獨立屋的私隱度高，喜歡安靜及注重私人生活空間的英國人很喜愛住在獨立屋，部分人更會在自己的花園裡種上各種花草樹木，或者建造一間溫室或玻璃屋。而獨立屋亦有擴展或加建空間，對於有經濟能力及有孩子的家庭，是個自住的理想居所。

由於獨立屋是沒有管理公司打理，所以保安、維修、整理花園等，都要靠屋主自行負責。要留意，獨立屋面積甚廣，代表要打理的範圍亦大，全部要自己一腳踢，相當具挑戰性。

一手 vs 二手獨立屋

不少發展商會讓一手樓買家決定顏色用料，確保切合心意，而且一手樓通常在設計及用料上較現代化，亦附有全新設備，不用大裝修就可入住。不過，普遍新樓的位置較偏遠，出入或要花較長時間。

二手樓的地點一般較佳，但要小心，大部分要經裝修及維修後才可入住，筆者建議買二手樓或成交前先找專業測量師或工程師驗樓，以評估物業質素、潛在問題及維修費用，否則得不償失。

例如雙層玻璃窗（Double glazing windows）的主要作用是保暖和隔音，如果一棟獨立屋沒有雙層玻璃窗，冬天的暖氣費用會大增，而更換雙層玻璃窗的費用一般都很貴，每次更換費用以千英鎊計。至於二手獨立屋，則需要留意雙層玻璃中間的真空位置有沒有霧氣，如果有霧氣，即代表有空氣進入，有機會是窗邊膠條出現老化或其他問題。

英國獨立屋的屋頂通常設有保暖棉，但一些較舊的獨立屋，其保暖棉有可能不足或不平均，甚至有機會因屋頂漏水而導致潮濕和發霉，或滋生昆蟲。而漏水亦是常見問題，因為很難得知漏水的源頭，而漏水更可直接影響房屋結構，而檢查及維修費用不菲，約2,000英鎊起，所以在睇樓時，也要留意有沒有漏水或不尋常的水跡。

筆者認為，這類物業只適合有經驗的投資者，或買屋自住人士，但必須留意以上所說的管理及維修事宜。

預算不多 自住首選半獨立屋

半獨立屋（Semi-detached House）跟獨立屋的最大分別是整個建築物在中間分成兩半，房子的其中一邊會跟鄰戶相連，左右各一戶人家，私隱度比獨立屋稍低。房屋前後亦有花園，很多半獨立屋亦會都擁有自己的私家車房或在花園的獨立儲藏屋。半獨立屋的價錢比獨立屋便宜，現時英國半獨立屋的平均樓價約25萬英鎊。

選房子也要選鄰居

如預算有限，半獨立屋的私隱度亦高，也是自住選項，而管理及維修事宜跟獨立屋一樣，再加一項，是要選擇一個好鄰居。好的鄰居會是一個好幫手，因為部分保養維修責任要和鄰居共同攤分。此外跟香港不一樣，在英國，鄰里之間會經常溝通及舉行聚會。筆者亦曾在親友買下的半獨立屋居住過，當年亦常到訪鄰居的家中，看過不少他們從各地收購回來的收藏品。所以筆者建議，買樓前，可先嘗試跟週邊鄰居打招呼，初步了解鄰居情況及是否友善，入住後，更可送小禮物或心意咭給鄰居。

獨立平房 退休人士之選

獨立平房（Bungalow）非常獨特，看起來較矮，是一棟只有一層的房屋（有時會在「屋頂」中加建一兩個房間），也沒有相連其他房屋或建築物。平房的室內面積往往比室外面積要小，因為一般都有一個大花園，另外也有私人車房或室外獨立儲藏屋，適合喜歡及打理園藝的人士居住。

加分位：有供暖 戶外空間大

在寒冷的冬天，供暖系統是必須的。英國的獨立屋和平房都是獨立供暖，有時會用上地暖系統，即在地板下方裝上暖氣系統，而鍋爐通常設於屋外位置。由於地暖系統的工程及安裝費貴，所以如果物業已有地暖系統，絕對是加分兼保值。

此外，平房及獨立屋的室外面積較大，有加建的可能性，可找當地的工程及建築公司提供設計及建築服務。加建後，除了可以增加活動空間，亦可提升物業價值。

獨立平房多坐落在環境好，價格較高的地區，房屋的佔地空間大，面積通常2,500呎起。根據筆者的數據，現時英國獨立平房的平均樓價約30萬英鎊。由於私隱度高、進出方便又毋須上落樓梯，很受有經濟能力的退休人士或行動不便人士歡迎。

與獨立屋一樣，獨立平房的屋主需要自行管理保安、維修、打掃等事宜。

鄉村屋遠離煩囂 多作度假用途

英國的鄉村屋（Cottage），可小至只有2至3個房間（但面積可以是數百呎），也可大至擁有十幾間房（面積可以是數千呎），並大都位處鄉郊，通常鄰近森林、農場、湖泊、海濱等自然景觀。雖然遠離煩囂，可以親近大自然，但亦代表位置偏僻。

樓價差距大 普通投資者勿沾手

鄉村屋都是歷史悠久的房子，牆壁非常厚實及堅固，內部亦有火爐，可以抵禦寒冬。而部分英國家庭會買來作度假屋的用途，在夏天的時候可以遠離繁忙的城市。除了自住外，很多亦會改建成家庭旅館（Bed & Breakfast, B&B）出租。

筆者認為，這類物業只適合用家自住或度假用，或專業投資者可以考慮，「初哥」就不要想了。情況就像在新界圍村買古舊村屋，或到北京「胡同」買四合院。此外這類物業的樓價差距很大，入場費約15萬英鎊起，也有超過200萬英鎊的盤源，需要謹慎選擇。

如屬受保護建築 不得隨意改動間隔

購買鄉村屋，屋主要自行兼顧及保安防盜。要留意鄉村屋的維修費並不便宜，每次維修費用可以過千英鎊計，一來因為位處偏遠，運輸成本貴；二來，英國工種分工仔細，如水管工（Plumber）、電工（Electrician）、鎖匠（Locksmith）、建築工人（Builder）等，人工成本甚高。此外，如是受保護建築，業主更不能隨意改動外在或內部間隔，以及對維修有指定要求，維修費用會比正常的貴兩三倍以上。筆者會再下節再述有關受保護或歷史建築物事宜。

前公屋難轉手 低價購買前要三思

資料來源：https://www.gov.uk/

在英國有一類樓房的售價比同區其他單位為低，一般比同區的私樓樓價低20%以上，要留意，這可能是前公屋（ex-Council House）。如非當地人，很容易會以為是「筍盤」。

香港有公屋及居屋，英國也有多個類型的「公營房屋」，政府允許居住在公營房屋的居民在居住一定時間後可用低價買下單位。能在私人市場買到的，就是前公屋了。由於前公屋一般只有租賃業權，出售時大多已有一定年期，所以價錢會低於市價。

只有租賃業權 升值能力低

英國的公屋與香港相似，建築風格以絕對十分平實及以實用為主，因此外表一般，也沒什麼配套。而且公屋大多建於七、八十年代，所以升值能力肯定不及私樓。

不過近年大城市樓價高企，而前公屋的地段位置不俗，而且因為地段主要用作公營房屋發展，一般而言，地租會比私樓低30%。不過，由於公屋環境較複雜，安全風險較高，若日後出售房子，也較難找買家，除非預算真的有限，否則筆者不建議投資「前公屋」。

若然想知道一個便宜的英國市區盤是不是前公屋，最直接的方法是向物業代理查詢。

古堡莊園 只具收藏價值

英國郊區物業如古堡（Castle）及莊園（House/Manor）等，可能是部分讀者夢寐以求的Dream House。莊園是英國所有房屋類別中最大的，也是所有房屋中最昂貴的。典型的莊園由多間面積大的房間、多個樓層和一個巨大的花園組成，花園的面積通常由數英畝起，氣派十足。

每年維修保養費可逾萬英鎊

英國的古堡和莊園，也可以市場上購入，價格不菲。但有些是英國特殊建築和歷史遺產法定列表（Statutory List of Buildings of Special Architectural or Historic Interest）中的受保護或歷史建築物（Listed Buildings）。若無政府許可，不得拆毀、擴建或改造，業主亦要承擔維修的職責，否則可能面臨會被起訴。

這類物業的每年維修及保養費用，可能以上萬英鎊計。所以在英國有許多古堡及莊園會對公眾開放，或舉辦活動如婚禮及會議，以增加收益去維護物業的相關支出。

筆者認為，古堡及莊園就像名畫或名酒，屬投資性或收藏性的物業種類，基本上不能單純計算租金回報率，只能以升值潛力及個人喜好為考量。

若想了解物業是否受保護的歷史建築物，可以到英格蘭歷史遺產委員會的網頁（https://historicengland.org.uk/listing/the-list）查閱。

3.2
關鍵術語解説

一個物業的價值及租金會因不同城市及地區有所不同，大部分物業的價值或發展潛力受制於三方面：地契（Land lease）、規劃（Planning and Zoning）及建築限制（Building restriction）。但除此之外，英國物業的術語與香港不一樣，會影響樓價和申請按揭，買樓是人生其中一個重要的決定，勿貪小便宜買低價樓，超平一定有原因。

永久vs租賃業權 影響樓價按揭

英國物業一般分為永久業權（Freehold）及租賃業權（Leasehold），公寓一般只有租賃業權，買半獨立屋、獨立屋及平房是連地轉讓，當中地皮有永久業權，也有租賃業權。同時土地的使用年限、地租（Ground Rent）等費用更會直接影響物業的價值。以各項因素一樣下，通常永久業權的物業樓價會比租賃業權的貴。土地的使用年限愈短，物業的折讓愈大，所以樓價會愈便宜。所以在英國買樓一定唔可以「貪平」，背後一定有原因。

永久業權，意思即是業主永久擁有該房屋及相應的土地權益，這等同房屋及房屋所處的土地的一切維修及保養都跟業主有關。有永久業權的物業，通常售價會較高。

精明選對英國樓

至於租賃業權，意思即是房屋所在的土地只是租用，而沒有永久擁有權，當租期屆滿後，土地的所有權須歸還給永久業權持有人，或繼續承租該土地。在承租期內，土地使用人須繳交地租、而主要物業維護和修理工程由永久業權持有人負責，但這些費用亦有可能轉嫁到租戶身上，這些條款通常會在土地租約中詳細例明。

英國的租賃業權年限（Lease Tenure）由125年到999年不等。如物業的土地租賃年期愈來愈短，物業價值會不斷向下跌，尤其是土地剩餘年期少於50年的房屋。所以如果發現物業的叫價比同區的其他物業低許多，可能是跟土地剩餘年期有關。市場上亦有一些物業只餘下數年土地年期，筆者建議一般投資者不要購買這類物業。無論是哪一種業權，投資者皆可隨時自由買賣，不受任何限制。

目前英國有許多物業，特別是公寓，屬於租賃業權。若購入租賃業權的物業，則需付租金給地權所有人或地主，這就叫地租。在香港，許多地租及差餉是雜費，但在英國買樓，地租是一個需注意的問題。筆者朋友投資的物業每年或每幾年增加地租，長此下去，地租影響投資收益，同時也會影響銀行批核按揭，因為銀行通常會在按揭審批時會考慮物業的淨收金收入，如果地租的金額過高，會影響物業收益。

為了避免這個情況，不論買一手或二手樓，買家可向業主或發展商要求查閱土地租賃協議，以了解地租加租機制，地租加租的機制通常是由永久業權持有人制訂，通常按零售物價指數定期覆檢，這些條款或機制一般會在土地租賃協議內詳細例明，準買家應仔細留意。如買的是二手樓，要留意有些業主可能會在臨加地租前賣樓，所以購買前要向代理或業主問清楚，如得不到答案又想買，請先問專業人士。

最後，地主有權把地權賣給第三方，業主便要將地租繳付給新地主。不過毋須擔心，即算地權出售，租賃協議條款也不能更改，直至地契完結為止。而且，在租賃協議中，通常會有一項條款，就是地主在出售地權時，需要先建議賣給現有物業的業主，如果業主同意買入，便不能賣給第三方，而如果租賃協議中沒有例明這項條款，則地主有權可以把地權出售給第三方。

凶宅無法律定義

此外，如果一不小心購入凶宅的話，後果可以很麻煩。其實許多人不知道，在法律上其實沒有定義何謂「凶宅」，亦沒有法定組織去紀錄這些「凶宅」。傳統上在物業內有人「非自然」死亡，大家便稱該物業為「凶宅」。

以香港為例，許多人對查證單位是否凶宅有誤解，很多買家以為地產代理有責任主動向買家透露單位是否凶宅。然而《地產代理條例》無規定代理必須提供物業是否凶宅的資料。許多人也以為在查冊就能知道單位是否凶宅，其實即使查冊顯示業主已過世，這只是證明業主已過世，後人正在安排遺囑承辦，這不代表業主是在單位內非自然死亡，也不代表單位一定是凶宅。

英國的情況亦同樣，如在英國買二手樓，查冊也不能顯示單位內有人「非自然」死亡。因此，筆者建議可以在搜尋網站查詢，例如可輸入城市或地區名加"Haunted places"或"Haunted houses"，你可進入坊間的凶宅網搜索。也可以多向該物業、以及其他同區代理查問。最後，筆者建議先向銀行申請按揭，不論是否「凶宅」，如任何因物業產生的原因，導致銀行拒絕按揭申請，請不要買該物業。

英國樓比港樓「實用」

在香港，現時按《一手住宅物業銷售條例》全面使用「實用面積」（Saleable Area），在屋宇署的文件會用「可用樓面面積」（Usable Floor Area），前者主要供公眾使用，後者主要給建築及測量界使用。香港的「實用面積」包括露台、工作平台及陽台，但不包括空調機房、窗台、閣樓、平台、花園、停車位、天台、梯屋、前庭或庭院的面積。

英國使用「可用樓面面積」，與香港測量界的不一樣。英國的可用樓面面積不包括露台、陽台、花園及後院等，這跟香港不一樣。簡單而言，在同一面積下，英國的住宅物業的「實用性」會比香港的較大。

此外，在英國，拆卸重建或擴建均不是容易的事，例如大家在媒體上時常看到英超足球明星想在家中擴建車房或加建小型足球場，但遭鄰居或地方人士反對而擱置。

重建或擴建項目除了要考慮地契、規劃、建築限制外，也要有鄰居或地區議會支持（或不反對），相關政府部門才會同意。例如業主想在花園增建一個溫室，一般不需要地主同意，但需要找合資格的專業人士向相關部門申請及興建，英國有許多建築及工程公司提供相關服務。

網上查冊

筆者建議買樓前先查冊，既可以了解物業背景，又可核對銷售代理或物業代理所提供的資料。跟香港一樣，在物業查冊中基本可以了解物業的業權及相關的歷史訊息，大家可以在網上為英國二手物業查冊。在英格

蘭及威爾士的物業，可以在英國土地註冊處（HM Land Registry）進行查冊（https://www.gov.uk/search-property-information-land-registry）；蘇格蘭的物業可在蘇格蘭土地註冊處（Registers of Scotland）進行查冊（https://www.ros.gov.uk/）。

要留意的是因英國部分地區在雨季有水浸問題，如物業附近有運河、河流或湖泊，或屬低窪地段，則可能有水浸的問題，在查冊時也可查詢物業或鄰近物業的水浸風險指標（Flood Risk Indicator）。

精明選對英國樓

第 **4** 章

買樓收租
精明部署

4.1
收租不選倫敦樓

若要買樓收租，地區選擇至為重要，首先應估算不同地方的放租潛力，其中最重要指標就是放租的租金回報率（Buy-to-Let Yield）。

租金回報率＝每年總租金收入 ÷ 樓價

例子：樓價20萬英鎊，每月租金500英鎊，租金回報率就是3%【(500×12)/200,000 ＝ 3%】。

倫敦一直是全球各地的投資者最喜愛的城市，亦是英國房地產的火車頭，相信很多人會以為倫敦是最好的放租地區，但忽略了高昂的樓價反而會導致較低的租金回報率，因一向買倫敦樓的投資者是看中倫敦地段價值及樓價升值潛力。2020 年度，英國放租最低收益率的地區正正就是倫敦Zone 1，只有約2.5%，因為其平均樓價已達77萬英鎊，因此租金回報率較低，跟香港的情況差不多。

對於初次投資英國物業的投資者，可以考慮倫敦Zone 1至Zone 3地鐵沿線的一手樓盤的開放式或一房單位（面積介乎500至650呎），防守性相對較強。這類分層物業的呎價約700至1,200英鎊，總價介乎40萬至60萬英鎊。而每月租金約1,200至1,800英鎊，扣除開支後，租金回報率約2.5至3.5厘。

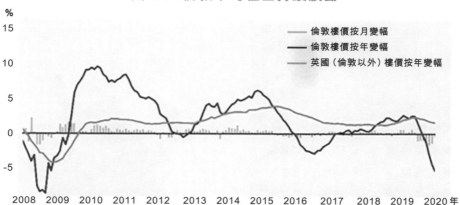

圖 4.11 倫敦平均租金持續波動

%

- 倫敦樓價按月變幅
- 倫敦樓價按年變幅
- 英國（倫敦以外）樓價按年變幅

資料來源：Zoopla Research

整體而言，倫敦和英格蘭東南部地區是全英國平均租金最高的城市。不過如手頭資金有限，可考慮倫敦的市中心以外的地區，例如 Zone 3 的紐咸區（Newham）和格林威治區（Greenwich）、Zone 4，或倫敦以外的城市，例如伯明翰或曼徹斯特等。

圖表 4.12 英國各地區平均月租

	每月 平均租金 （英鎊）	按年 變幅 （%）
英國	£890	-0.5%
英國（除倫敦）	£744	1.7%
大倫敦	£1,596	-5.2%
東南英格蘭	£1,021	0.8%
東英格蘭	£894	2.2%
西南英格蘭	£813	2.7%
西米德蘭	£674	0%
東米德蘭	£660	2.5%
蘇格蘭	£631	0.1%
西北英格蘭	£619	1.8%
威爾士	£616	2.5%
約克郡-亨伯	£599	2.3%
北愛爾蘭	£590	3.3%
東北英格蘭	£520	3.2%

資料來源：Zoopla

伯明翰、雷丁小公寓較易租出

倫敦以外租金回報率較高的地區，包括雷丁、伯明翰、曼徹斯特、利物浦及牛津，租金回報率通常在4.5%以上。

如想獲取穩定的租金收入，筆者建議選擇容易出租的物業，在這些城市的主城區，其空置率通常在7%以下，一至兩房的單位通常可以在一個月內租出。

圖表4.13 熱門城市的租金回報

熱門城市	平均樓價（英鎊）*	租金回報率
倫敦	Zone 1：77萬 Zone 2-5：43.6-53萬	2%-3.5% 3%-4%
伯明翰	20.6萬	4.5%-5%
曼徹斯特	20.1萬	5.5%-6%
利物浦	25萬	4%-5%
牛津	40萬	5%-6%
劍橋	40萬	4%-5%
雷丁	29.5萬	4.5%-5%

*數據為2020年樓價

中北部地區 租金持續上升

其實英國許多地區租金穩定，但增長不多，但英國政府正在籌建高鐵項目及北部振興計劃，所以筆者估計，未來數年英國中北部城市的租金及樓價會持續上升。從以下圖表可分析，諾定咸、錫菲爾、布里斯托、格拉斯哥及利物浦等城市的租金升幅較高。但要留意的是，這些城市的樓

價升幅相對較慢，所以才凸顯租金升幅較高。一般而言，這些地區的租金回報率通常在4.5%以上。

圖表4.14 中北部主要城市的租金走勢

城市	每月平均租金（英鎊）	按年變幅（%）	3年平均變幅	租金佔收入比例
貝爾法斯特	604	+3.5%	+2.7%	25%
布里斯托	1,008	+3.1%	+3.2%	38%
錫菲爾	607	+2.6%	+2.1%	24%
諾定咸	706	+2.4%	+3.8%	28%
格拉斯哥	648	+2.4%	+2.9%	24%
利物浦	601	+2.1%	+1.7%	23%
修咸頓	858	+1.8%	+1.0%	27%
卡迪夫	814	+1.8%	+2.1%	34%
列斯	727	+0.8%	+2.4%	29%
曼徹斯特	742	-0.1%	+1.2%	28%
伯明翰	684	-0.5%	+0.7%	26%
愛丁堡	941	-1.6%	+2.5%	35%

資料來源：Zoopla

過去幾年，英國平均樓價升幅每年約3%至5%，再加上租金回報，伯明翰、雷丁小公寓較易租出。更重要的是，現時英鎊匯價明顯低水，若未來英鎊反彈，投資回報可再上升。

4.2
大學區租屋需求高

大學區附近的物業，向來深受學生歡迎，租住需求高。英國是受歡迎的留學目的地，許多人會想在大學區買樓投資。在各大城市的大學區買樓，策略是一樣的，最重要是鄰近學校，可以步行前往或附近有可於15分鐘內到達的公共交通。附近最好有足夠的生活及交通配套，例如超級市場、郵局、藥房及巴士站。

以筆者的數據分析，以下大學周邊的住宅回報率較高，可以達6%以上。

○ 伯明翰城市大學（Birmingham City University）

○ 列斯大學（University of Leeds）

○ 愛丁堡大學（The University of Edinburgh）

○ 諾丁漢特倫特大學（Nottingham Trent University）

○ 曼徹斯特大學（The University of Manchester）

但要注意這些高租金回報率的地區，都是樓價比較低的城市，樓價約15萬至30萬英鎊，而這些物業的樓價升值力主要受大學學生的租屋需求所帶動。

筆者朋友在2018年買入一個位於曼徹斯特M14區的物業，鄰近曼徹斯特大學。這物業是兩房住宅單位，面積約700呎，樓價18萬英鎊。現時以月租900英鎊租給大學生，租金回報率約6%，扣除管理費及托管費等支出，淨回報率約4.7%，算是一個不錯的投資選擇。

筆者列出英國各城市主要大學的排名及位置。

城市	大學	2021年TIMES英國大學排名	留學生比例	校園主要位置
倫敦	帝國理工學院	3	58%	Zone 1南肯辛頓（South Kensington）
	倫敦大學學院	4	55%	Zone 1布林斯貝利（Bloomsbury）
	倫敦政治經濟學院	5	72%	Zone 1賀本（Holborn）
	倫敦大學國王學院	7	46%	主校區（Strand Campus）位於泰晤士河中游河畔，鄰近Zone 1的Temple站
劍橋	劍橋大學	2	38%	31所學院分布在市內各區
牛津	牛津大學	1	41%	45所學院分布在市內各區
曼徹斯特	曼徹斯特大學	8	41%	位於市中心南部，距離火車站僅數分鐘步程
布里斯托	布里斯托大學	10	28%	位於市中心
愛丁堡	愛丁堡大學	6	42%	學院分布在市內各區
格拉斯哥	格拉斯哥大學	11	38%	主要在城市的西區，卡爾文河（River Kelvin）兩岸
卡迪夫	卡迪夫大學	27	28%	主校區Cathays Park距離市中心約1公里
貝爾法斯特	女王大學	29	36%	位於市內南部，距離市中心有15至20分鐘的步程
列斯	列斯大學	160	30%	距離列斯火車站約20分鐘步程
伯明翰	伯明翰城市大學	601-800	24%	主校園位於伯明翰市中心
諾丁漢	諾丁漢特倫特大學	601-800	20%	一個校區位於市中心，另外兩個校區距離市中心約30至40分鐘車程

如果以大學生為目標客群，無論是一手還是二手，在大學城或大學周邊的2房及3房公寓單位或排屋較受歡迎。但一定要揀選樓價較低的，因大部分大學生住得比較「隨心」，單位只需要基本裝修，所以不要「豪裝」，亦較易出租。

在大學放租予學生租客，要注意兩點：第一、暑假期間或出現兩個月「空窗期」；第二、學生租客在物業保養上的意識較薄弱，最常見的是家俬及爐具等設備較易破損，業主需要預備額外維修開支，如更換微波爐或維修爐具，費用約200英鎊起。

學生宿舍只適合專業投資者

近年有部分投資者會轉買新興的「學生宿舍」，部分只售幾十萬港元，發展商又保證高租金回報，看似相當吸引。不過若買中「爛尾樓」或無人問津的單位，會得不償失。許多時這類「學生宿舍」項目的發展商實力不足，或項目設計有問題，如面積過細或配套不足，以至較難租出單位。

其實「學生宿舍」是英國未來的投資熱點，但筆者認為只適合機構性投資者、基金及發展商作大手投資，並不適合一般買家。筆者建議各位讀者購買大學區的住宅單位出租，而不是買「學生宿舍」的其中一個房間。

4.3
最易租出的物業

買英國樓放租，一手樓、二手樓並不是重點，筆者在本節會分析目
標租客、物業位置和生活及交通配套、戶型的選擇。

簡單而言，如果以專業人士為潛在租客，在市中心或金融區的一至
兩房公寓單位較易出租，通常市中心的樓價較高，所以租金回報率
會較低，一般只有2.5%至3.5%。

如果以大學生為目標客群，在大學城或大學周邊的三至四房公寓單位或排屋較受歡迎，平均樓價約20萬英鎊。這類物業的租金回報率通常較高，通常有5%或以上。

如果以家庭租客為主，名校區是不錯的選擇，例如倫敦巴尼特（Barnet）、哈羅（Harrow）和車路士（Chelsea）。3房公寓、半獨立屋或排屋較易出租，這類物業的租金回報率通常有4.5%以上。物業如有配備有停車位，就更加分。

大城市物業易租出

什麼類型的單位最易租出？於大城市中，幾乎所有類型的物業都不難租出，只是目標租客不同。兩房單位一般是情侶或兩位同事合租，這種物業的租金回報率通常有4%或以上。

一房租客多是有能力一個人承租的職場人士，多為中高級職員，這種物業的租金回報率通常有3.5%或以上。

開放式單位的租客大多為想獨自居住，但又不能負擔一房租金的人，或是學生租客，這種物業的租金回報率通常有4%或以上。例如有部分學生不想跟其他人合租單位，尤其是女學生或喜歡安靜及獨立的學生，但一房單位租金相對較高，所以這裡租客會傾向承租面積較小，但租金較低的開放式住宅單位。

説完目標租客，筆者再分析比較不同物業類型：

物業種類	租金回報率	維修及保養	管理、出租及收租
獨立屋/半獨立屋	5.5%-6.5%/6%-7%	**高難度** 沒有物業管理公司管理，業主需自行聘請專業技工維修及保養房屋，例如獨立屋會經常出現暖氣系統、玻璃窗隔熱及漏水等問題，每年費用約1,000英鎊起	**中難度** 獨立屋通常沒有保安，另外維修及保養是由業主負責，所以在租客選擇上要十分小心。而半獨立屋旁會有鄰居，所以除了選擇租客，也要小心處理鄰里關係。出租及收租等事宜通常通過物業托管公司代為處理。
排屋	6%-8%	**中難度** 排屋沒有物業管理公司去管理，例如暖氣系統及漏水等問題，在排屋亦會經常出現，亦需要聘請專業技工維修及保養，每年費用約500英鎊起，如物業租給學生那保養費用可能較高。因一般大學生對物業保養的意識較差。	**高難度** 英國的排屋通常是幾幢為一排，通常左右都有鄰居，容易發生問題，例如嘈音及泊車問題。排屋通常沒有車庫，所以車輛會停在屋外路邊位置。出租及收租通常亦是通過物業托管公司代為處理。
公寓	4%-6%	**低難度** 公寓一般會收管理費，亦有專業的物業管理公司去負責保安、公共空間的清潔及保養等事宜。業主共需要維修及保養屋內的設備及結構，例如暖氣系統等。	**低難度** 大部分公寓鄰近市中心，交通比較方便，不難租出，是學生、單身人士或夫婦的選擇。公寓通常有物業管理公司管理，需要付管理費等費用，但對業主而言相對輕鬆。出租及收租等事宜，則可通過物業托管公司去處理。

業主多提供全屋家俬

在英國，如果想物業容易租出，不論長短租，業主都該提供全套家俬如睡床、衣櫃、餐桌等及電器。不過，英國沒有淘寶，裝修及家俬成本十分高，以一般一至兩房的一手公寓單位計，裝修及家俬成本約3,000英鎊起，而如果以一至兩房的二手公寓單位計，裝修及家俬成本約5,000英鎊起，當然其中包括20%的VAT。假如是租給專業人士，精裝修的物業會較易出租，較現代化及有品味的家俬較易吸引租客。以一手住宅物業而言，裝修及家俬成本約等同樓價的2%至3%。以二手住宅物業計，裝修及家俬成本約等同樓價的3%至5%。

如果打算出租給學生，只需基本裝修，但所有傢具及電器必須提供，因大部分學生沒有意慾去購置大量傢具。以一手住宅物業計，裝修及家俬成本約等同樓價的1%至2%。而以二手住宅物業計，裝修及家俬成本約等同樓價的3%至4%。

在英國有許多裝修公司可以處理一般裝修事宜，但如涉及屋內改動，例如拆牆或加建窗台等，便需要聘請合資格人士，如專業工程師或測量師去申請及改造。

4.4
港英租務大不同

香港的租務管制較少，一向是業主的收租天堂，一般透過物業代理尋找租客，再跟租客簽署租賃合同，雖然在租約期內業主有一定的責任，但通常租客會自行處理大部分維修上的事宜，再向業主索取相關支出。可是，如果想在英國做業主賺租金回報，英國的租務條例較嚴謹，法規、手續、報稅、管理等事宜，其實比香港複雜得多。以筆者經驗，在英國出租物業頗為麻煩，大約煩10倍左右。

首先如申請按揭時報稱「自用」，其後若想放租物業，要先獲得提供按揭的銀行及保險公司批准。另外，若業主每年在海外居住6個月或以上，則會被視為非居民業主，也需要向稅務海關總署（HMRC）申報。業主還需要每年就租金收入課稅，稅項支出的計法會在之後的章節再提及。

租約條款

首先要決定作短租或長租之用。如果租期少於6個月，可視為短租。如果是長租，一般租期為6個月至2年，租約可設立中斷條款（Termination clause），例如容許租客在完約前1至2個月就可以終止租約，跟香港的一般住宅租約有所不同。

英國業主不能在租期內加租（沒有所謂「生死約」的概念），也不可在租約期內未經允許之下進入物業。為防止跟租客有任何拗撬，租約中應列出什麼費用由租客支付，例如水電煤費用、地方稅（Council Tax）、電視牌照費（每年約160英鎊）等等，要留意一點，在英國電視觀看英超足球是要另外收費（每月約20至30英鎊）！

提供能源性能證書

在英國，如果想物業容易租出，不論長短租，業主都需要提供全套家俬，如睡床、衣櫃、餐桌等，以及電器等。

在英國，業主有責任確保物業的安全並負責維修，例如水管滲漏及牆壁發霉等。若有物品損壞，休想叫租客分擔開支！

要成為一個合格的出租單位，業主亦須確保室內設備安全，有責任在物業出租前把水、電、煤等方面的安全做好。業主應確保裝置及電子設備安全。單位內的燃氣用具，政府規定每年須由合資格工程師作檢測（費用約200英鎊起），業主亦須提供能源性能證書（Energy Performance Certificate）副本，列明煤氣費、電費及整個物業的整體效能等級等，業主亦需要在起租及年度氣體安全檢查後28日內，向租客提供燃氣安全證書（Gas Safety Certificate）副本。詳情可參考官方網站（https://find-energy-certificate.digital.communities.gov.uk/?redirect=reportSearchAddressByPostcode）。

防火方面，政府規定業主在出租給新租客前，必須確保每層樓至少有一個有效的火警警報器，並且必須處於運作狀態。而單位一般會提供家俬予租客，業主也須注意家俬是否符合消防標準（可向物業托管公司或工程師查詢），否則會違反法例。 業主也可購買保險保障物業，一般責任保險、火險的大約費用為400英鎊起。

分租單位規管多

如果業主想將單位分拆、經營分租物業（Home in Multiple Occupation, HMO），需要申請HMO牌照。如果單位出租給3個或以上不屬同一家庭的租客，就需要向地方政府查詢是否需要牌照；如果出租給5個或以上不屬同一家庭的租客，租客共享部分設施，如浴室及廁房，就屬大型HMO，必須獲牌照才可經營。

HMO對物業間隔有最低面積要求，須確保租客有足夠空間，一人租客不少於70呎，二人則不少於110呎；以及對物業的氣體供應及消防設備有更多要求，例如每5年進行一次大型電力安全檢查，亦需要有滅火筒、火警鐘、防火氈等設備。

買租霸保險

英國的法例相對保障租客，變相產生另一個問題，就是業主遇到「租霸」時，就會較麻煩，隨時一年半載才可收回物業。筆者的朋友亦試遇上「租霸」，主要是欠租，最終需要通過律師去收回單位。

「租霸」的特徵一般會繞過物業代理，直接聯絡業主，避免被代理「問長問短」，及對個人背景支吾以對，加上一般業主不會花時間做背景審查，因此亦較易中招。所以在出租物業前，一定要「查租客家宅」，最好是透過物業代理，要求租客填寫一份背景資料表，詢問租客的職業、就職年期、過去的工作經驗、人工等，以確保租客有長期穩定的收入。如果租客沒有工作證明，則可要求提供銀行戶口現金紀錄，須表明有能力繳交至少一年租金。不過放租時應避免詢問租客的國籍，因可能會被誤會為種族歧視。

遇上租霸並非不能解決的問題，可通過法律或托管公司代為處理，如沒有托管公司，請直接找律師處理。在設定租約期時，不應多於2年，好處是，一旦遇上租霸都有「止蝕」的時間。

根據英國《住屋法案》規定，業主可利用《第8條通知》（Section 8）及《第21條通知》（Section 21) 收回單位。《第8條通知》需要業主提供理由，例如租客至少拖欠8周租金，來驅逐租客，而按《第21條通知》，業主毋需提供理由，只需提前6個月通知租客，便可收回物業。

此外，在英國買樓出租，並沒有硬性規定要買保險。不過英國有一項專針對租客欠租的保險（Rent Guarantee Insurance），如租客「欠租走佬」，保險公司會賠償租金損失，而保費約每月租金的2.5%至4.5%。

慎選租務托管公司

除非有可信賴的親朋戚友在英國，或自己的空閒時間較多，否則筆者建議委託租務及管理公司協助招租、收租、維修及管理物業，以至報稅等相關事宜。成功出租後需要支付佣金，之後每月需要付托管費用，一般

為每月租金的8%至12%，再加增值稅（VAT）。值得注意的是，部分租務公司或會為了多賺佣金，而刻意轉介短租租客。所以如果要「隔山買牛」，最好通過國際性物業顧問公司，雖然收費較高，但對業主較有保障。

如委託管理公司，應注意以下事項：

1. 是否合法註冊及擁有專業資格

留意地產代理及管理公司是否合法註冊，代理公司有責任把監管機構的商標張貼在辦公室的顯眼位置。買家亦可要求代理及管理公司提供註冊資格證書副本或相關證明。

部分物業代理或管理公司的合資格員工會持有專業資格，例如是英國皇家特許測量師學會（The Royal Institution of Chartered Surveyors）的會員。這樣就代表此公司受專業學會監管，如有任何失責情況，也可向相關專業團體投訴。

2. 具體詳細服務內容

因服務內容眾多，業主應向托管公司了解詳細內容，例如一手樓花，會否協助收樓及驗樓？除了出租及管理，公司會否定期替業主檢查物業狀況？業主也可詢問托管公司是否提供24小時緊急服務，方便業主或租客聯絡。

3. 有否資金保管戶口

因租客將按金及租金等交予托管公司，托管公司須在收取按金及租金後存放在指定機構。業主應詢問公司有沒有在律師樓或指定金融機構設立客戶資金保管戶口（Stakeholder Account）。如沒有的話，如代理及托管公司清盤或倒閉，海外業主很難追討損失。

4. 提供物品清單報告

租客入住的時候，業主應要求代理及托管公司提供物品清單報告（Inventory Report），當租客搬走時，這個清單可以讓業主和租客減少爭議及釐清責任。

筆者不建議讀者自行出租物業，因為業主需要在簽約後，向稅務局繳交印花稅及打釐印，另外亦需要了解及審查租客的背景，也要確保單位是可以合法出租、單位內水電煤設備的安全性，以及自己有能力在租約期內負責物業的維修問題。這些都不是非專業或「隔山買牛」的投資者能自行處理的事情。

如真的想自行出租物業，可把物業放盤給當地的物業代理公司，讓它們協助租約及打釐印事宜，業主可要求租客每月把租金直接轉帳給業主銀行的英鎊戶口。在這情況下，筆者建議業主應該定期（每個月或每3個月）跟租客溝通，以了解物業情況，同時亦需要自行詳細記錄租金收入及其他支出的明細，作為報稅用途及日後轉讓物業的記錄。

精明應對英國樓

4.5
數口精 以租養樓有可能

筆者再次重申，除非你信心十足、心臟健康，或有親朋戚友在英國當地可以幫忙處理一切事務，否則請買一手公寓，及委託專業的物業顧問公司代為出租及管理。雖然會令回報率降低，但相對安全，及可以減少不必要的麻煩或誤中法律法規。測量師的其中一項專長是「計數」，筆者「化煩為簡」，為讀者做了一系列的物業投資及現金流（Cash Flow）分析，從中可得知資金回報。

筆者按現時法律法規、數據、市場信息及買家喜好，分析了在12種情況下，買入一般英格蘭大城市的2房公寓單位，在香港進行出租物業（Buy-to-Let）按揭，然後委託物業顧問公司出租及管理，單位的總租金收入扣除物業管理費、物業托管費、地租及其

他雜費等支出後，再假設從2021至2025年5年間樓價整體升幅有10%（這是假設及保守的估計，尤其在疫情及疫後的不明朗因素下，樓價波幅會更大），再計算其收益及回報率，分析能否做到以租養樓：

圖表 4.51 筆者假設 12 個買樓情境

情況	樓價（英鎊）	首期	印花稅	租金回報率
倫敦以外物業：平均樓價 350,000 英鎊				
1	低於 125,000	30%	0%（首置買家）	
2	低於 125,000	30%	3%（非首置買家）	
3	250,001 - 925,000	30%	8%（非首置買家）	4.5%
4	低於 125,000	40%	0%（首置買家）	
5	低於 125,000	40%	3%（非首置買家）	
6	250,001 - 925,000	40%	8%（非首置買家）	
倫敦市區物業：平均樓價 700,000 英鎊				
7	250,001 - 925,000	30%	5%（首置買家）	
8	250,001 - 925,000	30%	8%（非首置買家）	
9	925,001 - 1,500,000	30%	10%（首置買家）	3.5%
10	250,001 - 925,000	40%	5%（首置買家）	
11	250,001 - 925,000	40%	8%（非首置買家）	
12	925,001 - 1,500,000	40%	10%（首置買家）	

註：印花稅開支未包括海外買家額外 2% 的印花稅（2021 年 4 月 1 日起生效）。

圖表 4.52 盤點養樓開支

買樓時的一次性支出（約等同樓價 0.5%-1%）	○ 律師費用 ○ 測量師費用 ○ 銀行費用 ○ 保險及雜費
印花稅	首置客、非首置客及印花稅假期前後有所不同。筆者按樓價以及相關法規計算
買樓後的支出佔總租金收入約 15%-20%	○ 物業管理費（每月 / 每半年繳交） ○ 托管費（每月繳交） ○ 地租（每年 / 每半年繳交） ○ 地方稅（每年繳交，通常租客負責繳交） ○ 保險及雜費（每月 / 每年繳交

物業按揭	按揭支出（每月繳交），假設向香港銀行申請20年出租物業（Buy-to-Let）按揭計算
收入稅	收入稅支出（每年繳交）
資產增值稅	出售物業後支付
租金回報率	倫敦以外城市 - 假設4.5% 倫敦市區內 - 假設3.5%
預測2021至2025年英國樓價變化	假設從2021至2025年樓價整體升幅有10%

按以上假設，得出結果如下：

圖表 4.53 現金缺口及資金回報率比較

樓價（英鎊）	首期	印花稅	現金缺口（英鎊） （租金收入減去按揭供款及其他費用）	5年資金投資回報率 （不包括資產增值稅）	5年資金投資回報率 （扣掉資產增值稅）
倫敦以外城市					
低於125,000	30%	0%	每月約200 - 300	33%	24%
低於125,000	30%	3%	每月約200 - 300	30%	22%
250,001 - 925,000	30%	8%	每月約200 - 300	26%	17%
低於125,000	40%	0%	收支大概平衡	25%	18%
低於125,000	40%	3%	收支大概平衡	24%	17%
250,001 - 925,000	40%	8%	收支大概平衡	21%	15%
倫敦市區					
250,001 - 925,000	30%	5%	每月約500 - 650	29%	21%
250,001 - 925,000	30%	8%	每月約500 - 650	27%	19%
925,001 - 1,500,000	30%	10%	每月約500 - 650	25%	18%
250,001 - 925,000	40%	5%	每月約300 - 450	23%	16%
250,001 - 925,000	40%	8%	每月約300 - 450	21%	15%
925,001 - 1,500,000	40%	10%	每月約300 - 450	20%	14%

按筆者的假設及估算，扣除已按揭貸款、物業管理費、托管費、地租等支出後，現金缺口就能計算出能否以租養樓。如讀者考慮買倫敦市區物業，要留意，有機會要補貼支出。而在倫敦以外城市買樓，有機會收支平衡或需小量補貼。

如減去物業管理費、托管費、地租，租金回報率下跌大約1%至1.5%。假設初步回報率有4%至5%，那實際回報率是3.5%至4%。

倫敦市區樓需補貼

如果有預算限制或難以每月補貼，倫敦的第四及第五區或倫敦以外的城市是一個選擇。簡單而言，倫敦的平均樓價及入場費高，租金回報率跟香港差不多，只有約2.5%，這租金水平並不足以支付所有支出，那代表投資者每月需要投入額外資金成本去補貼物業按揭支出。當然，買倫敦樓的投資者大部分是期待物業的升值潛力，所以倫敦的第一至第三區比較適合持貨能力較強及資金充裕的投資者。

另外，筆者是以同樣的樓價升幅去估算倫敦及非倫敦物業的投資回報，筆者沒有「水晶球」，但估計倫敦的樓價長遠升幅不俗。計算資金投資回報率時，是以估計的樓價升值部分比較資金投入（包括首期、印花稅及其他買樓時的一次性支出），筆者並分析了資產增值稅前及資產增值稅回報。

簡單而言，英國脫歐已成事實，與歐洲大陸的關係在未來幾年仍有變化，筆者認為英國作為歐洲的主要經濟體，房地產市場仍然有其優勢及吸引性。以作者的分析，未來幾年英國的中價樓的投資回報較高，按現時的稅費下，五年期的投資回報約25%，但扣除資產增值稅後，那投資

回報會變成約18%。當然，這回報率的吸引力比香港或中國內地大灣區的樓價升幅為低，但以海外國家的房地產市場計，這是一個不錯的回報數據。當然租金及樓價可升可跌，未來亦有許多不穩定性因素，所以投資者要注意風險。

賣樓收益需付資產增值稅

在英國出售物業時，需要支付資產增值稅，在2020至2021年度，扣除免稅額12,300英鎊後，基本稅率納稅人須付18%稅項，高稅率納稅人則要付28%稅項，因此中下價樓的資產增值稅相對較豪宅少很多，所以比較適合一般投資者。除非是高收入人士或富豪，否則不建議投資豪宅類物業。市場上亦有人集合一些朋友一起投資英國豪宅，但為免反目收場，所以在物業投資上最好還是要「量力而為」。

如果是十分熟悉英國的專業投資者，則可考慮買二手樓。英國的二手樓比一手樓價格低20%至30%，所以租金回報率相對一手樓高，如果承造65%至75%的按揭，租金絕對有可能足夠供樓，甚至每個月還可能有正現金回報。

第 **5** 章

移居英國
落戶何處？

5.1
各大城市生活費比拼

英國政府為持有英國國民（海外）護照（BNO）
的香港人及其家庭受養人提供「5+1」的入
籍路徑，於2021年1月31日起可申請獲得
BNO居留簽證，之後可在英國工作、生活和
讀書；居英5年後便可申請永居，12個月後
可再申請入籍。在移居的同時，除了考慮買樓
或租樓外，綜觀而言，需要考慮各城市的生活
成本。

筆者根據調查及分析，以租金、水電煤、交通費、娛樂開支、飲食
費等做指標，計算生活開支最高的25個英國城市。如果以倫敦與
香港的生活及住屋成本比較，其實各方面的成本不相伯仲。但以全
英國的住宅平均租金計，則比香港低約60%。那代表在倫敦以外的
城市有許多選擇。

筆者參考不同數據，計算出一人及兩大兩小的四人家庭在英國不同
城市的租屋及生活成本，包括交通、食物、超市購物及基本生活雜
費。以倫敦市中心為例，一人每月總支出約2,550英鎊，而居住在
3房公寓的四人家庭，每月總支出約6,000英鎊。

其實倫敦的生活成本很高，但若轉去其他城市定居，例如曼徹斯
特，一人每月總支出約1,490英鎊，而四人家庭的每月總支出約
3,740英鎊，比倫敦市中心低約40%。

圖表 5.11 一人和四人家庭在不同城市的生活費估算

城市	一人家庭			四人家庭		
	每月生活支出（未連租金）	一房公寓單位每月租金	每月總支出	每月生活支出（未連租金）	三房公寓單位每月租金	每月總支出
倫敦（市中心）	£850	£1,700	£2,550	£3,000	£3,000	£6,000
倫敦（非市中心）	£850	£1,200	£2,050	£2,800	£2,000	£4,800
牛津（Oxford）	£670	£1,180	£1,850	£2,370	£2,100	£4,470
劍橋（Cambridge）	£710	£1,050	£1,760	£2,420	£1,700	£4,120
白禮頓（Brighton）	£770	£940	£1,710	£2,600	£1,800	£4,400
布里斯托（Bristol）	£700	£930	£1,630	£2,400	£1,600	£4,000
列斯（Leeds）	£750	£850	£1,600	£2,400	£1,400	£3,800
雷丁（Reading）	£690	£900	£1,590	£2,400	£1,600	£4,000
卡迪夫（Cardiff）	£650	£900	£1,550	£2,300	£1,300	£3,300
愛丁堡（Edinburgh）	£690	£800	£1,490	£2,450	£1,500	£3,950
曼徹斯特（Manchester）	£660	£830	£1,490	£2,340	£1,400	£3,740
格拉斯哥（Glasgow）	£650	£700	£1,350	£2,300	£1,200	£3,340
利物浦（Liverpool）	£650	£650	£1,300	£2,240	£1,100	£3,340
錫菲爾（Sheffield）	£640	£610	£1,250	£2,250	£1,200	£3,450

註：以上支出未包括教育開支及 IHS 醫療費用。

精明選對英國樓

私立中小學 每年學費1萬英鎊起

除了生活開支外，如有在學的子女，也要計算教育開支。在英國，學校體系分兩類，一為提供免費教育、按照國家統一課程（National Curriculum）提供課程的公立學校系統（State School），就讀公立學校，18歲或以下可以享有免費教育；二是私立學校系統（Public School），英國有兩千多所私立學校，學生需付學費，每年學費約1萬至2萬英鎊，連寄宿則為每年約3萬至4萬英鎊。

圖表 5.12 英國最佳中學位置

排名	學校	地區
1	King's College London Maths School	倫敦肯寧頓區 （Kennington）
2	Magdalen College School	牛津 （Oxford）
3	St Paul's Girls' School	倫敦漢默史密斯 （Hammersmith）
4	Brighton College	白禮頓 （Brighton）
5	Westminster School	倫敦西敏區 （Westminster）

高等教育方面，英國的教育、學術研究也處於世界領導地位，每年吸引世界各國的學生在國內知名學府包括劍橋大學、牛津大學及帝國理工學院等留學。英國大學分為三類，一是劍橋和牛津兩所在中世紀建立的古典大學；二是維多利亞時代於六大工業城市創立的「紅磚大學」（Red Brick University），以曼徹斯特大學、伯明翰大學、利物浦大學等代表，這些大學的校園建築大多採用紅磚；三是建於1960年代的「平板玻璃大學」（Plate Glass University），這類新型大學讓大學教育向大眾化發展。

交IHS可享部分免費醫療

英國的醫療制度跟香港相當不一樣，英國國民保健服務（National Health Service, NHS）是由政府支持，為英國公民和常住居民提供免費的醫療和急救服務，持BNO的人士在英國只要繳交「健康附加稅」（Immigration Health Surcharge, IHS）（每年約470至620英鎊）也可以使用部分免費的醫療服務。至於驗眼服務就需要收費，約25英鎊，16歲以下人士、18歲以下的全職學生及65歲以上人士可獲豁免費用。

不過，英國人看醫生的習慣跟香港人卻大有不同。每個地區有一個綜合醫院，提供全面服務。另外有專科醫院。低發病率、低傳染性的特殊病種和複雜的治療都被指定到每個地區幾個醫院的服務中心。而英國每區都有設有所屬的社區診所，駐診醫生都是全科醫生（General Practitioner, GP），主要為病人處理常見疾病、健康諮詢、及轉介給專科醫生和醫院，所以住戶要先到NHS網站註冊（http://www.nhs.uk/Service-Search/GP/LocationSearch/4），輸入所屬的郵政號碼（Postcode），然後選定時間去親身註冊。

診症也須預約。跟香港的最大分別是，英國是「醫藥分家」的，所以在英國看完醫生後，需手持藥單自行到藥房（Pharmacy）配藥。藥物要自費，一般每項藥物費用為約6至9英鎊。

有部分香港人或當地華人喜歡找香港來的醫生或看中醫，據筆者了解，這些診所主要位於倫敦，其他城市則較少。由於是私家醫生，所以收費較高，每次診金連藥物費用約75至100英鎊。

精明選對英國樓

移居英國 落戶何處？

5.2
最佳 Work-life Balance 城市

若讀者計劃移居英國，到英國後仍需尋找工作，就需要留意不同城市的工作機會和收入水平。但坦白説，除了倫敦外，英國其他地區的平均薪金較香港低。想買樓自用的讀者，同時又要打工但又想「HEA」做，也不妨參考一下筆者公司的調查及分析。

筆者按就業率、工作與生活的平衡（Work-life Balance，每周工時在 45 小時以下）、可負擔的樓價等，挑選英國最佳居住及工作的城市，首三位分別是牛津、雷丁和布里斯托，排名如下：

○ 牛津（Oxford）

○ 雷丁（Reading）

○ 布里斯托（Bristol）

○ 米爾頓凱恩斯（Milton Keynes，位於英格蘭東南部）

○ 愛丁堡（Edinburgh）

○ 卡迪夫（Cardiff）

○ 劍橋（Cambridge）

○ 利物浦（Liverpool）

○ 貝爾法斯特（Belfast）

○ 格拉斯哥（Glasgow）

醫護IT藍領吃香

再說說不同行業工種的需求,服務業是英國經濟最主要的部分,佔GDP約80%,這意味著第三產業的從業人數超過了第一和第二產業。現時醫護、金融科技、藍領在英國勞工市場需求較大。英國長年醫護缺乏醫護人手,惟起薪點較低。NHS的流失率高,長年缺乏人手且負荷過重。

藍領方面,由於英國已發展多年,不少建築和基建都需要進行翻新、保育、復修及維修等工程,導致房地產市場發展蓬勃。加上英國脫歐後,不少歐洲人撤至其他國家工作,令英國的藍領行業人手短缺。藍領行業包括水電、裝修及建築工人等。

金融科技方面,作為國際金融中心的倫敦,近年銳意發展的金融科技是英國經濟發展中增長最快的一部分,並吸引 Google、Facebook、Amazon 等科技巨頭進駐,尤如「歐洲矽谷」,所以英國對金融及科技等方面人才需求甚大,新晉科技城市有雷丁。

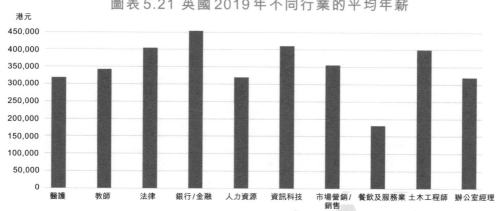

圖表 5.21 英國 2019 年不同行業的平均年薪

資料來源:英國國家統計局

除倫敦外，北部振興計劃希望重點發展北部城市，如曼徹斯特、利物浦、錫菲爾、列斯等，銳意打造創意工業城市，預計將吸引投資者、年輕族群及白領階級。離開倫敦「一路向北」，工作機會主要中於創新科技、金融、綠色能源及建築有關行業，此外，當地生活開支及成本方面較低。

劍橋適合畢業生發展

對畢業生或年輕人來說，英國一個求職平台按就業率、城市的年薪中位數、每月平均生活開支、單人房每月租金、18至25歲的人口比例、每1萬人口的酒館和酒吧數目及每1萬人餐廳數目，統計出2020年最適合畢業生發展城市排名，當中倫敦只排第39名，雖然其年薪中位數達36,797英鎊，為眾多城市中最高，但其生活開支同樣為最高；相反劍橋排名第1位，其年薪中位數達34,565英鎊，牛津則排名第2位，年薪中位數達31,472英鎊，因此，筆者重申，讀者在考慮工資的同時，也務必要將生活成本計算在內。

雖然當地職場較著重工作與生活平衡，超時工作情況不算十分普遍，而且有超時補水。不過，必須了解的是當地稅務系統較香港繁複。就薪俸稅來說，它的稅階以累進計算，稅率介乎20%至45%。

5.3
年輕人、家庭、退休的
移居部署

筆者不是移民專家，不過很多人關心要準備多少生活費才足夠在英國生活。筆者常言，需視乎個人的口袋有多深，英國地大物博，到要在哪個城市落腳，豐儉由人。在本節，筆者會嘗試幫大家計計數，並給予一些考慮點的建議。

年輕人本金少 宜租住倫敦外圍城市

有部分年輕人或選擇以小量資金前往英國，再在當地尋找工作機會。筆者認為，除非在英國已找到工作，否則倫敦的住屋成本及生活成本太高，應考慮在倫敦以外的城市落腳。

若非專業人士，可以考慮一些生活及租屋成本較低，有充足的工作機會，又可享受生活的城市。

若考慮在英格蘭落腳，可選擇伯明翰、曼徹斯特或利物浦等城市。這些城市近年的經濟發展不錯，工作機會也較多，兼且租屋及生活水平較低，而且有唐人街，及華人較多，會比較容易適應。讀者也可選擇在蘇格蘭的格拉斯哥或北愛爾蘭的貝爾法斯特落腳，租屋成本更低。若資金不多，筆者不建議買樓，因為即使買樓，也不容易向銀行申請到按揭，所以租樓是一個折衷的辦法。按筆者的數據，

這些城市的一房單位月租約600至800英鎊,若連同生活費,每人每月支出約1,500英鎊。

若手持約100萬港元流動資金前往英國,也剛好足夠約4至5年的生活及租屋費。如果可以在兩年內找到合適的工作,在有穩定的收入後可以考慮買入面積500至650呎的一房公寓單位,樓價約20萬至30萬英鎊,首期需要約4萬至6萬英鎊,這是預算之內及可以負擔。

有部分人亦可能計劃在英國成立公司,以較吃香的科技初創公司為例,雖然倫敦是英國的金融及科技中心,但由於資金不多,要同時考慮初創公司的位置及住屋需求,所以不能以倫敦為首選,但可以考慮倫敦外圍的城市雷丁,城市內有大量科技公司、初創企業及科技園,可提供大量的創業及發展機會。由於要保留資金營運公司,筆者建議在雷丁租樓,雷丁的一房公寓單位每月租金約800 至1,000英鎊,連生活開支計,每人每月支出約1,700英鎊。雷丁市內有許多新建住宅項目,入場費約28萬英鎊起,在公司營運穩定及有盈利後,可以考慮在雷丁自置物業。

倫敦 Zone 3-4 如將軍澳 適合年輕家庭

年輕家庭在英國有許多不同的選擇,如果全家移居英國,年幼子女計劃就讀傳統或有名的寄宿學校(Boarding School)或文化學校(Grammar School),考慮落腳點時,最重要是先考慮工作機會及地點,不用太擔心校區。

在資金許可下,可以考慮倫敦的Zone 3的Alexandra Park和Seven Sisters、或Zone 4

的 Wambley Stadium 和 Woolwich Arsenal。Zone 3 和 Zone 4 好比香港的將軍澳區，比較適合年輕家庭。在該兩區購買 800 至 1,000 呎的三房公寓，約需 60 萬至 80 萬英鎊，假設做 20 年七成物業按揭，每月按揭還款加上一般生活支出，約需 3,500 至 4,000 英鎊。如果資金未能負擔，可考慮伯明翰等二線城市，樓價比倫敦便宜，可以降低每月支出。

若不是全家移居，只有子女前往英國讀書，而父或母其中一方當「太空人」留港，買樓時的主要考慮是學校區的位置。要留意的是，英國許多有名的傳統學校是位於市郊，市郊的物業以獨立屋、半獨立屋或平房為主，也需要買車，出入會較方便。

市郊也有公寓可供選擇，一般兩房公寓單位的樓價約 30 萬至 45 萬英鎊，而每月租金介乎約 1,000 至 1,500 英鎊。

大學區買樓 省宿舍開支

如子女到英國讀大學，家長可能打算在大學區附近買樓，然後在畢業後出售。這要考慮兩個層面，在英國讀學位課程一般只需 3 年，若加上碩士課程通常需要 4 至 5 年。第一個方案是購買校區的開放式單位自住，在 3 至 4 年後出售，筆者估計，可以賺取約 10% 至 20% 的升幅回報，差不多減免了原本需要住宿舍或租屋的支出。如資金許可，可考慮買入 3 至 4 房的公寓或排屋，樓價約 40 萬至 70 萬英鎊，只需要基本裝修，其中一房自住，其他的房間可以出租給其他留學生，作收租用途，再在畢業後出售物業。

精明選對英國樓

有部分家庭或擔心在英國難以獲得與香港同樣的收入，打算以香港的租金收入支付在英國的生活支出。如果香港的物業每月淨租金可以達到2,500英鎊或以上（約27,000港元或以上），那可以考慮居住在倫敦，可以按個人喜好考慮倫敦的第二區至第四區。如喜歡清靜及不需要工作的話，則可考慮其他不同的城市，如劍橋或列斯等城市。如香港物業的每月淨租金只有2,500英鎊或以下，那只能考慮樓價及生活支出較低的城市，例如曼徹斯特或利物浦，這些城市的物業選擇較多，也有不少工作機會，豐儉由人。

旅遊城市適合退休

基本上退休人士沒有收入，不太可能向銀行承做物業按揭，所以要移居英國前，需要看看自己資金的充裕程度，以有多少資金在手，再決定落腳點。通常大部分退休人士都不會住在倫敦般的大城市，因為過份繁囂以及生活費較貴，筆者建議，如資金有150萬英鎊或以上，可以考慮在倫敦置業及繼續退休生活，如果資金只有100萬英鎊或以下，較適合選擇倫敦以外的地區。

英國有一些旅遊城市，十分適合退休，例如朴茨茅夫（Portsmouth）、黑池（Blackpool）及巴斯（Bath）。如想繼續享受在大都市生活，或是想在唐人街聚居，就可以選擇伯明翰、曼徹斯特或利物浦。在自住方面也有多個選擇，可按個人喜好選擇公寓、半獨立屋或平房。

如果退休人士想在英國買一個物業收租，作為退休後的被動收入，建議最好每月能產生最少1,000英鎊或以上的淨租金收入。在這情況下，投資的選就不是追求樓價升幅大的地區，反而要考慮高租金回報率及增長率的地區，以及物業容易租出的地區，所以可以考慮雷丁或曼徹斯特。

第 **6** 章

盤點稅項及支出

6.1
買樓開支計算

與香港不一樣，無論在英國買一手樓或二手樓，買賣及持有物業都涉及許多支出和稅項。買賣時要付印花稅（Stamp Duty Land Tax, SDLT），持有物業時要付地租（Ground Rent）、地方稅（Council Tax），租金收入要交入息稅（Income Tax）（但有免稅額），賣樓後又要繳付資產增值稅（Capital Gain Tax）（有免稅額及以淨收入計算），甚至會涉及遺產稅（Estate duty），因此買賣英國樓前必須要先了解及計算清楚。

此外，英國跟香港不一樣，所有服務費用都會收取20%的增值稅（VAT），大家要習慣這稅種。

1. 首期及銀行雜費

筆者一向不主張「全現金買樓」，買英國樓，銀行一般可承造60%至75%按揭，故買家需在成交前預留資金作首期之用。部分銀行會收取安排費或預留費作為審核文件的費用，不同銀行的收費不同。

2. 律師費：2,000~4,000英鎊

在買樓時，買家需要聘用代表律師處理事宜，英國的律師費比香港的貴許多，一般住宅物業約2,000至4,000英鎊，視乎不同地區及

物業複雜程度，當中還可能會因加速完成個案的費用。律師也需進行查冊或查證土地規劃文件，例如查冊水浸或氾濫的相關記錄及報告，當中亦涉及費用。

3. 測量師費：200~700英鎊

英國測量師的報告有許多種類。如果投資者買新樓，一般來說不用太擔心測量問題，一般公寓的基本狀況測量（Condition Report）費用大約200至400英鎊，通常包括建築及附屬建築物的基本情況、水電煤系統狀況。

但若購買二手舊樓，例如二手獨立屋、獨立屋或平房，尤其樓齡30年以上的，購買前最好先聘請測量師進行土地及樓宇測量，銀行通常也會要求買家提交測量師的房屋報告（Homebuyer Report），測量師會檢查物業有沒有明顯的嚴重損壞或危險的問題，以及物業價值評估，基本測量費用約300至600英鎊。

因許多結構或維修上的問題不是用肉眼或建築物的表面可以評估，或需要涉及結構性測量（Building Survey），是全面的測量報告，則要700英鎊或以上。

4. 地產代理費用：1%~3%

如買二手樓或透過當地的地產代理商買賣物業時（多數由賣方承擔），需支付樓價的1%至3%予地產代理，收費比香港高。若購買一手樓，跟香港一樣，買家通常不用支付代理費用。

5.印花稅：最高17%

印花稅是買樓時最重要的財產交易稅，一二手樓稅率一樣。無論購買英國一手或二手樓，在物業交易完成後的30天內，需要繳納印花稅，通常律師會幫忙計算及處理物業印花稅的事宜。

英國政府於2020年的財政預算案中，宣佈了向海外買家徵收額外2%的印花稅。在2021年4月1日前交換的合同，若此後無任何變動，則不適用這新規定。2020年3月11日當日或之後交換的合同，若物業於2021年4月1日前竣工，則也不適用於該新規定。

不過，於2020年7月8日至2021年3月31日期間購買並正式收樓的買家，可享受「印花稅假期」（Stamp Duty Holiday）的印花稅減免，樓價為50萬英鎊或以下的英國物業更毋須繳付印花稅。

印花稅假期完結後，從2021年4月1日起，在英國和北愛爾蘭購買住宅物業的非英國居民（包括持有香港特區護照或BNO人士）就需要額外繳交2%的印花稅。值得留意的是，已持有一個或以上住宅物業（包括英國以外）的買家（夫妻以家庭為單位），仍然需付額外3%的附加稅（Surtax）。

圖表6.11 2021年4月1日後的印花稅率

樓價（英鎊）	首置買家	非首置買家	首置海外買家	非首置海外買家（包括2%額外印花稅）
0 - 125,000	0%	3%	2%	5%
125,001 - 250,000	2%	5%	4%	7%
250,001 - 925,000	5%	8%	7%	10%
925,001 - 1,500,000	10%	13%	12%	15%
1,500,000 以上	12%	15%	14%	17%

6.2
收租樓基本開支

英國的稅收比例比香港高，如果投資者想買英國樓收租或等升值，都必須了解清楚你需要付出的稅項和開支，才能準確計算回報。

1. 租務管理：每月租金 8%~12%+VAT

業主出租物業時，若使用租務代理公司協助出租及尋找客源，成功出租後，業主需要支付物業代佣金。其後也可委託公司協助管理、收取租金、維修及檢查物業，以及報稅等相關事宜，收費一般為每月租金的 8% 至 12%，再加 20% 的 VAT。另外，英國的租約一般租期為半年起，每次續約也要付租務代理約 50 英鎊起。

較少公司願意管理歷史悠久的二手樓，就算有公司可以代為管理，收取的費用亦較高，費用等同每月租金約 15% 或以上。

2.公寓管理費：每月 150 英鎊起

如買公寓或分層單位，每月要向管理公司繳交費用。跟香港情況一樣，視乎單位面積計算，及物業質素而定，通常每月管理費由 150至幾百英鎊。

3. 地租：每年＜400英鎊

英國的地租概念有點像香港的差餉（Rates）。香港政府作為業主，地租劃一規定為應課差餉租值（Rateable Value）的5%，故此香港的差餉金額並非買家主要考慮的因素。

在英國買樓，若是租賃業權，需支付地租，地租是交給地主或地主指定的土地管理公司。但由於英國的地租租約各有不同，地租多少和計算方法亦有不同，如名義地租（Nominal Rent）、定額地租（Fixed Rent）及不定額地租（Variable Rent）。名義地租一般是每年少於10英鎊的地租。定額地租是地租金額不變的。不定額地租指會地租金額會改變的，視乎土地協議條款加地租機制而定。地租沒有固定金額，有平有貴，通常不多於400英鎊一年，亦會加租，詳情可參考這網址（https://england.shelter.org.uk/housing_advice/shared_ownership_leasehold/ground_rent_for_leaseholders）。

4. 地方稅：1,400~1,800英鎊

在英國，公共服務、治安、環境衛生（如清掃馬路和收垃圾）是由當地政府負責的，因此需要支付地方稅（Council Tax）予地方政府。英國的地方稅是按住戶為單位徵收，稅收的計算一般會根據房屋價值來評估，按物業價值分為A至H共8個等級，樓價愈高，等級愈高，所需繳付的「地方稅」也愈高，一般而言，獨立屋的地方稅要比公寓的高。

地方稅的每年金額約 1,400 至 1,800 英鎊不等，可在以下網查閱物業的所屬地區及等級（https://www.gov.uk/council-tax-bands）。如果單位已出租，業主就不用擔心，通常是租客繳付地方稅。如租客全部為全日制學生，業主更可以申請豁免繳交地方稅。

5. 收入稅：最高 45%

買英國樓收租，所得需要繳交收入稅（Income Tax）。部分租務管理公司會先把代業主收到的租金扣起一部分作繳稅之用，也可以在得到稅局批准後，直接從租務管理公司取回整筆租金收入，之後業主再自行交稅。

租金收入可扣減維修費、律師費、保險、地租及差餉等費用（不包括按揭利息），再按淨收入收取 0% 至 45% 的稅項。

值得注意一點，由 2020 年 4 月起，英國稅局不再接納按揭利息扣稅。每年須在 10 月 30 日前向英國稅局報稅，網上遞交則可延至 1 月 31 日前。詳情可登入這網址並填報申報表格（https://www.gov.uk/log-in-register-hmrc-online-services）。

圖表 6.21 收入稅稅階

級別	評稅收入（英鎊）	稅率
個人免稅額	0 - 12,500	0%
基本稅率	12,501 - 50,000	20%
更高稅率	50,001 - 150,000	40%
額外稅率	150,001 或以上	45%

6. 資產增值稅：最高28%

跟香港不一樣，在英國買樓投資，即使不是英國籍人士，賣樓獲利也需要支付資產增值稅（Capital Gain Tax），需在售樓後30日內向英國稅務海關總署（HMRC）申報。銷售收益可以扣減買賣時支付的代理佣金、律師費、測量師費，以及提升物業價值的雜費支出等，例如購買新家私及裝修等費用，所以筆者建議，妥善保管及記錄所有支出的單據。

針對住宅物業的免稅額為12,300英鎊。基本稅率納稅人出售出租住宅物業的稅率是18%，高稅率納稅人出售住宅物業的稅率是28%。稅制年年改，讀者可以參考以下網址計算稅項（https://www.tax.service.gov.uk/calculate-your-capital-gains/resident/properties/disposal-date）。

圖表 6.22 資產增值稅稅階（住宅物業）

利潤（英鎊）	稅率
12,300 或以下	0%
基本稅率納稅人	18%
高稅率納稅人	28%

英國徵收全球稅

由於英國徵收全球稅，英國籍人士在全球擁有其他資產或收入時，都會落入英國的稅制。英國籍人士若持有香港物業，將來賣出物業時，英國稅局亦會徵收物業增值稅。除了物業之外，股票、債券及其他有形資產等，也會納入稅項。

7. 遺產稅

若一個人在英國擁有住宅物業或其他財產，他去世後，資產受益人需要支付遺產稅才能繼承遺產。英國向所有逾32.5萬鎊的物業徵收遺產稅，遺產價值高於這免稅額的，需要就超額部分繳納40%的遺產稅。例如離世者持有一個50萬鎊物業，遺產受益人需要支付7萬鎊【（500,000-325,000）×40%】的遺產稅才能繼承遺產。

如果資產受益人為去世者的配偶或合法伴侶，則不用繳付遺產稅。但是如果遺囑內指定了配偶或合法伴侶以外的人士為收益人，則必須先繳付稅項才能繼承資產。如果資產屬「長命契」（Joint Tenants），只要一方死亡，另一方則直接擁有整個房產，也需要支付遺產稅。

最後，如以移民為買樓目的，在移民英國之前，要留意香港和英國稅制的差別，例如香港在個人入息稅，最高只徵收17%，而英國最高可徵收45%。至於英國的公司稅方面，入息稅劃一為19%。英國稅項比香港繁複得多，筆者也不是稅務專家，若你對任何稅項有疑問，最好向會計師或稅務專家查詢。

解構買樓流程
檢視地雷位

7.1
一手樓置業流程

購買海外房地產，買家其中一樣最擔心的是，如何避免買到「爛尾樓」？如果投資的房地產項目出問題，發展商會否負責？如果想安全及穩健地「隔山買牛」，筆者建議「初哥」買一手樓，也要避免買入長樓花期的樓盤。在本節，筆者會「化煩為簡」地把買英國一手樓的流程列出，並提醒讀者需要注意的事項。

1.尋找盤源 慎選發展商

在尋找樓盤時，可通過在香港的國際性物業顧問公司或在網上尋找英國當地的物業代理。

除了選擇樓盤外，亦需要選擇良好的物業發展商，要多加留意發展商背景。在英國投資的香港發展商大多為上市公司，信心較有保證，不過其樓盤主要集中在倫敦，亦以中高端公寓式住宅項目為主。假如希望購買倫敦以外或非公寓的物業，英國發展商的項目較多。一般讀者未必熟悉英國發展商，筆者建議選擇年資至少5年的發展商，如果是上市公司會更好及有保障。此外，可以參考該公司過往的房地產項目紀錄，以及項目的相關傳媒報導，例如《泰晤士報》（*The Times*）、《BBC新聞》、《金融時報》（*Financial Times*）等權威性媒體。

若經香港分銷商買入英國物業，大家亦應留意發展商及分銷商的關係。發展商及分銷商是否屬於同一間公司。如果發展商及分銷商在英國和香港均有公司及正式的辦事處，對買家的保障較大。相反，若然發展商只是委托一般物業公司在香港分銷英國樓盤，尤其是小型樓盤，若其中一方出現問題，很容易會出現「爛尾」。

買家可以詢問直接問分銷商或代理，發展商是否持有對項目的擁有權及發展權，以及有沒有提供建築保險。許多英國新建住宅都有建築保險，該保險主要由英國國家房屋建築委員會（NHBC）提供。這個保險是由發展商負責購買，年期為10年，由保險公司承保該樓盤由建築期至完工後期的建築缺陷。例如項目因發展商資金不夠或詐騙等原因而停工，或者如物業因施工不當等原因造成房屋結構的損壞，保險公司也會負責相關費用（當然賠償會「封頂」）。一般買家很難查到相關資料，但正規的分銷商或代理都會有相關文件記錄，買樓前要向代理或發展商問清楚。

翻新樓、首期逾40%樓盤 勿買

近年有部分在香港銷售的所謂英國一手樓盤，其實是舊樓翻新項目，銀行很難評估相關項目是否合法，或是否符合相關規劃或建築條例，因此或較難獲批按揭。

此外，若發展商要求的首期金額過高（如40%或以上），筆者建議不要購買。因為發展商很可能需要靠買家的首期才有資金興建樓盤，即發展商的財務未必穩健，較大風險成為爛尾樓。

精明選對英國樓

2. 細閱樓書 留意供暖設備

在香港買樓花，一般都有已搭建的示範單位及清水房供買家參考。購買英國樓樓花時，如條件許可，可以到當地參觀示範單位，不然，買家只可以透過發展商提供的構想圖、模型或虛擬實境（VR）來了解物業內的設計佈局。買家可以留意項目規模、物業位置、層數、間隔、裝修用料等是否跟資料或文件相符。

例如在購買公寓時，準買家可注意暖爐或暖管等供暖系統、了解牆身物料及窗戶有否有效隔溫和隔音。物業配套如有否升降機，以及其數量、停車位的位置及使用權、垃圾房的位置（英國的公寓不是每樓層都有垃圾房，垃圾房可能位於地下或室外）、有否二十四小時服務的真人保安（部分公寓不設真人保安，只有閉路電視作遙距監控）、會否代收郵件（英國十分盛行網上購物），以及平台或花園的負責管理及保養。

3. 支付訂金 預留單位

如果在香港選購英國一手物業的買家，選定合適的單位後，通常會在展銷廳內簽訂「預留表格」（Reservation form）或有英國律師即場簽署簡單合約（不是正式買賣合約）。買家並需支付預留單位的訂金，約 1,000 至 3,000 英鎊，一般不設退還，之後從樓價扣回。

4. 委託律師

買家簽署委託書，以授權律師在英國為買家辦理正式買賣合約的事宜。一般英國一手樓盤，發展商會有委託律師樓，要注意，一定要委託合資格的英國律師去處理物業買賣事宜，亦最好有物業買賣經驗。律師費（包含雜費及查冊費用）一般為2,000至4,000英鎊左右。

5. 支付首期

簽訂買賣合約後，買家需要將樓價的首期（按合約條款）匯入發展商律師的信托戶口內。

部分英國樓需於簽訂合約後的3至12個月再繳付部分樓價。例如樓花期為一年，在買樓時需要付樓價的5%，在簽約3個月後再付樓價的10%，在簽約6個月後再付10%，那支付給發展商便是25%。每個發展商及項目的付款時間表均有所不同，買家必須留意合約上列明的付款時間。如買賣合約沒有清楚列出這些條款，一定要向物業代理或發展商查詢。亦不要簽署任何付款條款不清晰的合同。

6. 辦理按揭

買家手持預留表格或簡單合約，就可以向銀行辦理海外物業按揭手續，部分香港銀行提供海外物業按揭服務。現樓物業需馬上申請，而樓花物業則在正式收樓前約6個月申請。筆者會在7.3章詳細說明按揭事宜。

7.收樓

項目完工後，律師會通知買家收樓。一般而言，一手樓的物業問題較少，買家可以親自、通過物業托管公司或自行聘請當地的測量師進行驗樓，驗樓費用一般200英鎊起。在完成驗樓後，測量師會向業主提供一份物業驗樓報告，如相關物業需要補修或執漏，可通過物業托管公司代為跟進。

驗樓後，律師會告知準確的交樓日期。買家拿到鎖匙，大致上便完成該物業買賣。

7.2
二手樓置業流程

部分香港人會選擇買二手樓，但英國樓市與香港樓市非常不同，英國樓盤種類和選擇十分多，物業價位可以從30多萬英鎊，到100多萬英鎊不等，不同區份、街道的樓價分別可以很大。如果不熟悉當地市場的買賣流程，隨時可能會中伏。

1.尋找盤源

在香港如果你想買樓，你只需要找1個代理便可以看到的心儀單位，但在英國，每個樓盤都可能有不同的代理，變成看1個樓盤就要找1個代理，如果你想看10個樓盤，可能要找10個代理。在尋找二手盤源上，如讀者不熟悉英國物業市場，筆者建議委託國際性的物業代理顧問公司較為安全。現時許多盤源都可以在網上獲得資料，如找到心水樓盤，可直接跟相關物業代理溝通，再經代理向相關業主溝通，很少直接由買家跟業主溝通。大部分代理會在物業成交時才收取佣金或中介費用。

物業代理會跟業主及買家洽談價錢。除非業主急於賣樓，否則大部分英國業主不會接受壓價。以二手樓而言，議價空間一般在10%之內。

2. 委託測量師估值

買家需要找當地測量師檢查物業質素及為物業估值，尤其是二手獨立屋或排屋。英國許多二手獨立屋或排屋建於七、八十年代，所以建議聘請測量師進行物業基本狀況調查，包括檢視建築物結構（牆壁有沒有會影響物業結構的危險性裂縫）及狀況測量（漏水問題等）。流程需時大約1個月，費用約700英鎊起，測量師會提供一份物業測量報告（Homebuyer Report）予買家跟進。當然買家可以不做相關測量，但需要承擔風險，有可能因小失大。

另外，如需要申請銀行物業按揭，銀行一般會要求提供物業估值報告，該費用約300英鎊起，以確保出價合理。

3. 預先審批按揭

在英國買樓，睇樓和申請按揭應該是同時進行的。除非是全款支付（Cash buyer），否則請先到銀行了解你的購買力及貸款能力。準買家或可找按揭貸款中介（Mortgage broker）幫忙篩選和格價，計算可貸款的金額和解釋銀行條款。按揭審批需要1至2個月時間，如在買樓前能獲得一個按揭預先批核（Mortgage in principle），賣家的信心會較大，成事機會較高。

準買家跟業主議價成功後，一般會簽定銷售備忘（Memorandum of Sales），手持這份文件就可以向銀行正式申請按揭，需時約3至4個月。

英國十分看重海外房地產投資者的資金來源（Fund Source），所以銀行或律師會要求買家證明資金來源及按揭還款能力，例如出示薪金證明，否則銀行或拒批貸款。

4. 與律師保持聯繫

買賣雙方在談好價錢、確認交易後，便可指定第三方開始買賣流程。跟香港不一樣，英國基本上沒有臨時買賣合約，買家毋須繳付訂金，所以某程度上，交易是基於互信。因此交易可能在這個過程中會突然告吹，買方應與律師保持聯繫，要可靠代理或律師跟進及協調交易，會較順利。

跟香港一樣，在英國購買二手樓是一定律師對律師進行交易，私人很難可以直接買賣。買家需要委任一位英國的律師（「買家律師」）來處理買樓手續（除非是國際性的律師事務所，否則香港律師一般不會代理英國物業買賣）。買家律師通常透過電郵聯繫海外買家，買家一般需要提供以下資料：

○ 公證過的身份證明，如護照

○ 公證過的近 3 個月內住址證明，如水電煤單、稅單

○ 確認付款額並解釋資金來源（律師或要求提供相關證明資料），例如存款、遺產、資產變賣、親朋贈送等

當買家律師完成調查，賣家律師將買賣合同發送給買家律師。當買家律師閱讀合同後，會著手準備該房產的法律文件並進行相關盡職調查，包括物業產權情況及相關建築許可。完成盡職調查後，買家律師將遞交買賣合同及「訂金」，之後會進行合同交換（Exchange Contract），在法律上正式確認購買。

買方應與律師保持聯繫，並注意按揭、安排估價、簽署合約、向銀行提交文件等細節，整個過程有別於在香港買賣二手樓。在英國買賣二手樓，從落實交易到拿到鑰匙，一般需時 4 個月或以上。

5.交換合同

交換合同是買樓中最重要的一步了，如果你購買二手樓，交換合同就是
正式成交，賣家是正式接受要約（Offer）。當所有手續完成及雙方律師
沒有其他問題後，可落實拿鑰匙及交收時間。

7.3
港英按揭批核大不同

物業按揭在房地產投資上十分重要，尤其在低息環境。除非因年齡或收入等因素做不了按揭，否則筆者一直不主張「全現金」買樓。

跟香港物業按揭不一樣，申請英國物業按揭要格外留神。舉一個真實例子，筆者的朋友A就曾險些出事，借不到按揭貸款。當時他在香港購買倫敦的一手樓，雖然在成交前6個月已經在香港向某間銀行的英國分行申請按揭，但因時差、銀行內部政策突然改變及假期等關係，許多已簽定的表格及文件需要「重新填寫及提交」，險些不能如期「上會」。幸好筆者有英國同事認識該發展商，所以才可順利成交。如果借不到按揭，買家可能最終需要以現金支付或撻訂物業。在本節，筆者會説説申請英國物業按揭的注意事項。

英國銀行批按揭甚手緊

作為海外買家或香港人買英國樓，香港人可選擇向香港銀行或英國銀行申請按揭貸款，手續一般比香港按揭複雜。簡單而言，如果是英國籍人士或以英鎊為主要收入來源的買家（包括海外人士），可以考慮在英國當地的銀行申請按揭貸款或找按揭中介協助申請按揭貸款。使用按揭中介要付額外的中介費，至於英國當地的銀行大多有物業按揭業務，上網的資訊一目了然，筆者就不幫人賣廣告。

精明選對英國樓

要注意，英美等發達國家現時對海外買家監管增多，以防「洗黑錢」，所以要提交的文件亦多，審批時間亦較長，要看申請人背景、物業質素及銀行按揭政策而定。例如自僱或以佣金為主要收入的人士，所需時間較長（需要多1至2個月）。

香港做按揭 多限大城市物業

買家可在香港向匯豐銀行、中國銀行、東亞銀行等申請英國物業按揭，相關銀行的香港職員會協助買家與英國分行聯繫，對香港買家而言相對方便，「同聲同氣」，也沒有時差問題。

要留意的是，香港的銀行按揭不會覆蓋英國所有地區，香港買家只要買倫敦、伯明翰、曼徹斯特等大城市的物業，通常問題不大，但最好在買樓前先向銀行查詢，以免到申請按揭時「倒瀉籮蟹」。

圖表7.31 接受英國物業按揭的香港銀行

銀行	網址
匯豐銀行（HSBC）	www.hsbc.co.uk/mortgages/products/
東亞銀行（BEA）	www.hkbea.co.uk/html/en/beauk-personal-banking-residential-buy.html
中國銀行（BOC）	www.bankofchina.com/uk/pbservice/pb2/

部分銀行不做自住按揭

在香港申請英國住宅按揭時，跟香港物業按揭不同，銀行會先對買家進行第一次審查，或需達到一定收入門檻才可以申請。銀行對不同類型物業的按揭，有不同的取態及審批準則。住宅通常分「自住物業」（Owner-occupied）及「出租物業」（Buy-to-Let），部分銀行只接受出租物業的按揭申請，不做自住物業的按揭。而部分銀行只接受年薪逾75,000英鎊的人士申請自住物業按揭；申請出租物業按揭的個人買家，年薪需超過50,000英鎊，而以公司名義申請，年薪要求為75,000英鎊。銀行在計算年薪時，通常不會計算花紅及雙糧等收入，主要以底薪作為計算基準。部分銀行亦不會接受已有超過3個英國物業的申請人申請按揭。

此外，要留意，近年有部分在香港銷售的所謂英國一手樓盤，實際是舊樓翻新項目，在數年前倫敦有住宅大廈發生嚴重火災後，英國政府提高建築物的防火要求，因此銀行較難評估相關舊樓翻新項目是否合法，或是否符合相關規劃或建築條例，這些都令銀行對舊樓翻新項目的物業按揭有所保留。在二手物業上，銀行可能會拒絕為樓齡過高、面積太小，或結構出現問題的物業提供按揭，尤其是一些舊樓翻新的項目。

一般而言，銀行只接受英鎊供樓，即供樓期間業主仍要承受匯率風險。一般香港人的最高貸款額為物業市值的75%。按筆者經驗，一手物業的銀行估值通常「估足」，如銀行估值不足或因手續問題，買家可能需要準備更多資金買樓。

按揭年期一般為20年，個別銀行最高可做到25年按揭年期，或以退休年齡（65歲）扣減歲數作計算，兩者取其短。

定息按揭 vs 浮息按揭

英國物業按揭利率大致可分為「定息按揭」（Fixed Rate Mortgage）及「浮息按揭」（Tracker Mortgage），一般而言，自住物業比出租物業的按揭利率低。定息按揭就是在一定期限（Initial Rate Period），通常約2至5年內，確保買家的供款不會隨英倫銀行（Bank of England）息率上升而變動。

而浮息按揭是由一個息率加上英倫銀行的基準息率（Base Rate）釐定，在英倫銀行加息或減息時，基準息率上調或下調。情況就似香港的「H按」供樓，英倫銀行有機會隨經濟環境加息或減息，而令供款金額有所不同。

跟香港情況差不多，部分銀行會設定綑綁期（Tied in period），申請人在指定期限（約1至3年）後可作部分還款或贖樓，但要支付一些罰息（Early Repayment Charge），每間銀行有所不同，在確定按揭前可向銀行查詢。

供款不能多於入息50%

此外，供款通常不能多於入息的50%。值得注意的是，英國物業按揭較香港嚴謹，所計算的入息為「淨入息」，即扣除所有個人及家庭生活開支、兒女每月教育支出或供養父母費用後等的入息。

跟香港一樣，英國也有負資產及銀主盤。物業業主如未能按時償還物業的按揭貸款，銀行會收回貸款，要求業主在指定期限內清還款項。如業主未能贖回貸款，銀行就會入稟法院，沒收物業，再向公眾放售或拍賣，以填補欠款及債務。但在正常情況下，銀行的按揭比例一般在樓價的60%至75%，代表樓價要下跌20%以上才有機會負資產。只要業主一直定期準時供樓，就算是變成「負資產」，銀行也不一定會收樓。

在港申請英國按揭要點

開英鎊戶口：由於按揭申請人需在英國或離岸設立一個英鎊戶口，而開設離岸戶口需時，建議在申請按揭前開立英鎊戶口，否則會影響到申請按揭的時間。如果在部分香港銀行持有較高級別的戶口，則可在網上電匯而不會收取額外費用。

所需文件：申請按揭時，除了護照、身份證明文件、住址證明外，申請人亦需要預備薪金證明（近3至6個月）、信用卡月結單（近3個月）、結婚證明（如已婚）、子女出世紙或學校手冊（如有子女）供銀行等銀行審批按揭，不同銀行對文件要求的年期不同。

收取雜費：銀行或會收取不同費用，如安排費（Arrangement Fee）、預訂費（Booking Fee）、支付測量師行的估價費（Valuation Fee）、查冊費用等。一般而言，總費用數百英鎊至3,000英鎊不定。

精明應對英國樓

7.4
總結

筆者從本書開首已強調，決定買樓前，切勿「羊群心理」及「貪小便宜」，人買我買。你必須先清楚了解購買物業的原因，這是「重中之中」，到底你買樓是想用作物業投資、資產及財富配置、移居／建立第二個家、子女教育、退休養老，還是綜合各個因素（如投資＋度假）？當了解自己買英國樓的原因後，尋找一個合適的物業地點和後續的投資方式都會變得較為容易。

另外說實在的，各人口袋深淺不一，承受風險的能力也有差別，所以很難一概而論。筆者簡單列出一些要點給大家參考：

1. 投資永遠是Location、Location、Location

一般而言，首選CBD或市中心的地段。以英國樓而言，若首次投資海外，當然最好選擇倫敦第1至第3區，如買倫敦物業，地鐵站周邊的物業是不敗的策略，情況跟香港一樣。如不了解市場，最簡單的篩選做法是參考地鐵站及地鐵路線圖，物業愈鄰近地鐵站及市中心愈理想。

若預算不能足夠支付倫敦樓價，可考慮第二大城市伯明翰，又或者了解其他城市的生活節奏及文化。一個城市若有活力，例如年輕專業人士比例高，具有良好的基建及交通條件，如鐵路、高速公路、

機場等，均有利物業保值及增值。最後要留意物業週邊有沒有生活配套，例如超市、藥房（因英國是醫藥分家）及商場。

總價低的物業是「進可攻退可守」。跟香港情況一樣，銀碼大的物業很自然地會限制了承租能力，更影響未來轉手的速度及增值稅的問題。若買英國樓只是作純投資用途，請買中小型單位，例如開放式、1房或2房。

投資計算回報時，也不要只看租金回報率。因為物業投資除租金回報外，也要留意未來升值空間，如該城市或區域的未來發展、現時的樓價及租金是否合理。

2. 選擇大型發展商及有信譽的代理

隔山買牛非容易，重要的事情要多講一次，為避免所託非人及保障自己的金錢，筆者建議最好買一手物業，應考慮大型發展商或已上市發展商的項目，雖然大型發展商的樓盤定價較高，但物業質素有保證及「爛尾」的機會少。要謹慎選擇一家信譽佳、口碑好的代理及托管公司也是非常重要，一旦有任何糾紛，也能夠維護你的權益。

大家也應該小心一些特高租務回報保證或回購保證的項目。大部分提供包租服務的發展商，會把租務事宜外判予其他公司，一旦該公司倒閉或經營不善，買家很難追討。如真的對這類項目有興趣，要先詳細了解所有條款或詢問專業人士。

3.計清稅費及潛在支出

物業按揭在房地產投資上十分重要，尤其在低息環境。但跟香港申請按揭不一樣，海外買家申請英國物業按揭需時，條件較高及遞交的文件較多，所以要小心選擇銀行及盡早申請（一手樓最好在收樓前6個月申請，二手樓在睇樓時開始查詢）。

另外一項與香港不同的是，在英國買賣及持有物業涉及許多稅費，如印花稅 、地租 、地方稅、收入稅 、資產增值稅 ，甚至是遺產稅。買樓前要先了解及計算清楚。

綜觀現時環境、房地產市場漸趨「股票化」，許多因素可影響市場運作，所以投資者要做足功課。

隔山買牛始終風險多，不論你買英國樓的目的是什麼，希望這本書能守護每一位買家！

附錄：常用網站

尋找英國二手盤源

萊坊（Knight Frank）：https://www.knightfrank.co.uk/

Rightmove：https://www.rightmove.co.uk/

Zoopla：https://www.zoopla.co.uk

了解社區

社區人口分布、設施、治安等：https://www.streetcheck.co.uk/

校網：https://www.locrating.com/

NHS醫療服務：http://www.nhs.uk/Service-Search/GP/LocationSearch/4

噪音水平：http://www.extrium.co.uk/noiseviewer.html

查冊

英國土地註冊處：https://www.gov.uk/government/organisations/land-registry

蘇格蘭土地註冊處：https://www.ros.gov.uk/

稅費計算機

印花稅：https://www.gov.uk/stamp-duty-land-tax/residential-property-rates

地租：https://www.gov.uk/leasehold-property/service-charges-and-other-expenses

地方稅：https://www.gov.uk/council-tax-bands

入息稅：https://www.gov.uk/income-tax-rates

資產增值稅：https://www.tax.service.gov.uk/calculate-your-capital-gains/resident/properties/disposal-date

申請英國樓按

匯豐銀行：www.hsbc.co.uk/mortgages/products/

東亞銀行：https://www.hkbea.co.uk/html/en/beauk-personal-banking-residential-buy.html

中國銀行：www.bankofchina.com/uk/pbservice/pb2/

求職

Reed：https://www.reed.co.uk/

Monster UK：https://www.monster.co.uk/

Cwjobs：https://www.cwjobs.co.uk/

查詢各基建計劃詳情

HS2（高鐵 2 號線）：https://www.hs2.org.uk/

北部振興計劃：https://northernpowerhouse.gov.uk/

伯明翰大城市計劃：https://www.birmingham.gov.uk/directory_record/264494/big_city_plan

重建利物浦：http://regeneratingliverpool.com/

Wealth 126

精明選對
英國樓

作者	林浩文（Thomas Lam）
出版經理	呂雪玲
責任編輯	梁韻廷
書籍設計	何穎芝
資料搜集	James Li
相片提供	林浩文、萊坊、Getty Images
出版	天窗出版社有限公司 Enrich Publishing Ltd.
發行	天窗出版社有限公司 Enrich Publishing Ltd. 香港九龍觀塘鴻圖道 78 號 17 樓 A 室
電話	(852) 2793 5678
傳真	(852) 2793 5030
網址	www.enrichculture.com
電郵	info@enrichculture.com
出版日期	2021 年 2 月初版
承印	嘉昱有限公司 九龍新蒲崗大有街 26-28 號天虹大廈 7 字樓
紙品供應	興泰行洋紙有限公司
定價	港幣 $168　新台幣 $700
國際書號	978-988-8599-58-5
圖書分類	（1）工商管理　（2）投資理財

支持環保　此書紙張經無氯漂白及以北歐再生林木纖維製造，並採用環保油墨。